# 돈의 지배

# 돈의 지배

이상헌 지음

좋은땅

# 작가의 말

필자는 현재 3년 차 재무설계사로 고객의 소중한 자산을 성공적으로 늘릴 수 있도록 설계하고 있다. 아직 남들처럼 성공했다고 말하는 단계는 아니지만 성공을 위해 끊임없이 달려가고 있는 중이다. 재무 설계를 하면서 앞으로 오는 세상의 변화라든가, 돈이 없으면 정말 큰일나는 세상이 오겠다는 것을 정말 많이 느꼈다.

재무 설계 하는 과정 안에서 앞으로의 심각성을 피부로 느끼지 못하는 사람들을 꽤 봐 왔다. 그런 사람들의 마인드를 다시 잡아 주면서, 도와주는 일을 하고 있으면서 어느 정도 보람을 느끼고 있는 와중에, 필자의 가치관이 있다.

돈을 버는 것하고, 돈을 관리 및 지배하는 것은 엄연히 다른 차원이다.

내가 돈을 많이 번다고 해서 부자가 되는 것은 절대 아니다. 내가 돈을 유용하게 관리하면서 이 돈을 지배하게 되었을 때 부자가 되는 것이지, 단순 많이 버는 것은 절대로 부자가 되지 않는다.

"왜 그래? 돈만 잘 벌면 되는 거 아니야?"

충분히 이렇게 생각할 수도 있다. 하지만 봐라. 내가 월 5천만 원 버는 사람하고 2백만 원 버는 사람과 비교했을 때 당연히 5천만 원 버는 사람이 부자겠지 생각하겠지만, 5천만 원 버는 사람이 월 6천만 원씩 소비를 하고, 2백만 원 버는 사람이 매달 백만 원씩 관리를 받는다면 결국 5천을 벌어도 2백만 원 버는 사람보다 훨씬 더 가난하게 살게 된다.

오늘 이 책의 내용들은 그렇다. 앞으로 올 세상에 있어서, 돈의 가치, 시간의 가치, 방향성, 왜 투자를 해야 하는가에 대해 적어 보려고 한다.

우리가 지금 살고 있는 세상은 엄연히 자본주의 세상이다.
이 책을 읽기 전에 묻고 싶은 것들이 있다.
당신은 지금 행복한가?
2023년 대한민국 행복지수가 전 세계 조사 대상국 137개국 중 57등으로 정말 낮은 순위이며, 더 놀라운 것은 OECD 가입 국가 38개국 안에서, 그리스, 콜롬비아, 튀르키예 3개를 제외한 나라 중에서 제일 낮은 순위에 속해 있다.
그럼 물어보자.
대한민국이란 나라. 이렇게 행복 지수가 낮을 정도로 못사는 나라인가?
그렇지 않다. 대한민국은 전 세계에서 유례를 찾아볼 수 없을 정도로 100년도 안 된 역사 안에 어마어마한 성장을 이뤄 낸 나라이다.
대한민국 국민으로 살면서 불편한 점이 있었나?
돈 적당히만 벌어도 내가 먹고사는데 전혀 지장이 없을 정도로 불편한 것이 없다. 교통도 편하고, 먹는 거 불편한 것도 없고, 자는데도 적당히만 벌면 다 충족이 가능하면서, 다른 더 못사는 나라보다 가질 수 있는 요건들이 기본 바탕으로 깔려 있음에도 대한민국은 행복한 나라가 아니다.

그럼 반대로 다큐멘터리에서 보면 저 머나먼 아프리카는 제대로 된 집도 없어서, 천막 치고 다니는 사람들에 옷은 뭐 가리는 정도로만 입고 다니고, 먹는 것도 시원찮게 먹는 사람들임에도 항상 이빨 드러내면서 웃고 다닌다.

그들은 뭐 가진 것도 없다. 그들과 비교했을 때 대한민국 기초수급자들이 가지고 있는 것들이 훨씬 많다. 그런데 어떠한가? 대한민국 저소득층은 행복해 보이지 않는다.

하지만 아프리카의 그들을 바라보면 어떠한가? 행복해 보인다. 만족해 보인다.

왜 우리가 가진 게 많아서, 더 행복할 여건들이 많을 텐데도 불구하고, 왜 우리가 행복 지수가 낮은 걸까?

여러 전문가들이 입시 문제, 어른들의 강요, 성적 등 학업의 문제 때문에 행복 지수가 낮다고 생각할 수 있지만, 필자가 생각하는 근본은 나르다.

우리는 돈에 지배되는 자본주의에 살고 있기 때문이다.

돈이 많았으면 좋겠는가? 조금만 있었으면 좋겠는가? 백이면 백 모두 전자를 택할 것이고, 돈이 많았으면 좋겠다고 생각할 것이다.

돈이 많으면 뭐가 좋은가? 누릴 수 있는 것들, 내가 하고 싶은 것들을 다 할 수 있어서 좋은 것이 아닌가?

그럼 이런 돈이 많이 있길 원해서 어른들은 아이들에게 교육을 강요하고 높은 성적을 바라고, 그 스펙을 바탕으로 돈을 많이 벌길 원한다. 그렇기 때문에 전문가들은 학업성적 때문에 행복 지수가 낮은 거라고 말하지만, 사회에 나와서도 돈이 없으면 괜히 나만 불행해지는 것 같다.

최근에는 SNS, 유튜브 등 여러 가지 매체를 집에서 간편하게 핸드폰으로 볼 수 있다 보니, 남들 잘사는 모습을 보게 된다면 괜스레, "나는 왜 이렇게 살까?" 하면서 불행해진다.

결국 대한민국 대부분의 사람들은 행복하지 않다. 자본주의가 심각해질수록 더욱 행복 지수는 떨어진다.

"돈이 인생의 전부가 아니야."라고 말하는 사람들도 있다. 물론 어느 정도 철학적인 바탕에서는 그럴 수 있다. 하지만 그렇게 말하는 사람이 가지고 있는 모든 걸 다 헌납하라 하면 그는 결국 불행해진다. 애초에 "그럼 가지고 있는 거 다 주세요."라고 말하면 주는 사람 한 명도 없을 것이다.

결국 자본주의는 돈이다. 인정할 건 빨리 인정해야 한다.


모든 게 돈으로 지배되는 세상에 살고 있다. 과거처럼 따로 계급은 존재하지 않지만, 돈은 가지고 있는 수치로 보이지 않는 계급들이 존재한다.

돈의 숫자로 모든 게 달라지고 차별화된 세상에 살고 있다. 같은 공간에 살더라도 돈의 수치에 따라 다르다.

예를 들어 같은 공간인 아파트가 있더라도, 사람들은 분양받은 사람들과 임대 아파트 사는 사람들과는 일부러 거리를 두고, 벽을 세우고 말조차 나누려고 하지 않는다. 도덕적인 관점에서 봤을 때는 왜 저러지 싶을 정도로 굉장히 과한 부분이 있다고 생각하겠지만, 현실이 그렇다.

점점 자본주의에 물들어 가면서 사람들의 생각은 나한테 이득이 되지 않는 사람들과 같은 공간에 있는 것을 꺼려한다.

임대 아파트 사는 사람들을 보면 "열심히 살아요.", "힘내세요." 이렇게 응원의 메시지를 보내지만 막상 자기네들 사는 곳에 임대 아파트 들어올 예정이라고 하면 집값 떨어진다고 어떻게든 막으려고 서명운동을 벌이기 십상이다.

참 이런 광경을 보면 사람들은 이면적인 면이 굉장히 많다. 겉으로는 착한 이미지로 보이고 싶어 하지만 막상 나에게 피해가 올 것 같으면, 대부분이 받아들이질 않는다.

물론 불우 이웃 돕기나, 풍수 재해 피해가 뉴스로 나와서 돈을 기부하는 경우는 있지만, 내 것, 내 재산에 피해를 입으면서까지 남을 도와주려는 사람은 없다. 인정할 건 인정해야 한다.

최근 나온 디즈니 OTT 드라마 〈카지노〉를 보면서 많은 것을 느꼈다. 필리핀을 가 보진 않았지만, 모든 것이 돈으로 해결되는 세상이다. 법률이나, 도덕적, 양심적인 부분에서 사람들에게 접근하였을 때 되지 않는 부분을 어떻게 해결하는가? 돈 몇 푼 쥐여 주면 바로 해결된다.

이걸 보면서 느낀 것이 많다. 앞으로 대한민국도 저런 세상이 오게 되겠구나.

'아니, 필리핀 보다 더 잘살고 있는 대한민국에서 저렇게까지 될 것 같아?'

라고 생각할 수 있다. 하지만 잘 생각해 보자. 이미 대한민국에서 암암리에 돈으로 다 해결되는 부분들이 일어나고 있는 중이다.

불법적인 일, 대표적으로 2019년도 버닝 썬 게이트만 보더라도 경찰의 부패 유착 관계가 있었다. 텔레그램 박사방 조주빈 사건 때도 그렇다. 돈 몇 푼으로 피해자들의 주소를 비롯한 개인 정보를 공익 근무자에게 넘겨주었던 사건이 있었다.

앞으로 대한민국은 돈으로 어디까지 가능하게 될까? 예를 들어 보자. 응급실에 환자가 들어왔다. 지금 당장 수술해야만 살아날 수 있는 환자이다. 의사의 본분을 다하기 위하여 이 환자를 집중 수술 들어가야 하는 상황에, 다른 환자가 응급실에 들어와서 이렇게 말했다고 쳐 보자.

"나 지금 되게 급해. 1억 원 줄 테니까 나부터 봐 줘!"

지금 굉장히 응급한 환자가 있음에도 불구하고, 응급한 상황이 아닌 사람이 1억 원 줄 테니 당장 봐 달라고 하게 된다면 어떻게 될까? 물론 지금은 그럴 일은 없겠지만.

지금이야 도덕적으로 이런 부분들은 당연히 비판받겠지만, 자본주의가 더 심화되고 시간이 흐르게 된다면, 돈으로 이런 도덕심이 무너지게 되는 날이 올 수도 있다.

그렇기 때문에 돈과 도덕심 안에서, 과거에는 도덕심이 우선순위였

다면 지금은 돈이 도덕심과 어느 정도 비슷한 레벨에 올라오게 되었고,
머지않아, 도덕심보다 돈이 우선순위에 올라가서…

돈에 지배되는 세상이 만들어질 것이다.

# 목차

1장

# 돈과 시간의 시스템

# 시간은 돈이다

필자가 감명 있게 본 영화 중에 〈어벤져스〉가 있다. 〈어벤져스: 엔드게임〉에 보면 아이언맨 토니 스타크가 과거로 돌아가 아버지와 회상하는 장면이 나오면서 토니 스타크가 말한다. 아버지는 엄격한 사람이고, 언제나 좋은 소리를 해 주셨다.

"1초의 시간도 돈으로 살 수 없다."

필자는 이 대사 하나에 정말 큰 의미가 있다고 생각을 하고, 필자 역시 1조의 시간소자 의미 있게 쓰려고 노력한다.

시간을 돈으로 살 수 없다는 말은, 아무리 후회를 하고 과거로 돌아가고 싶어도 돌아갈 수 없으니 지금 있는 현재의 시간을 의미 있게 보내라는 말로 해석이 될 수도 있겠지만, 사실 시간은 돈으로 살 수 있다. 무슨 엉뚱한 소리인가 싶겠지만, 현재 우리는 우리의 시간이 돈으로 팔리고 있는 것을 빨리 인정하고 깨우쳐야 한다.

예를 들어 보자. 한 허름한 운동복 입은 대학생쯤 돼 보이는 사람들

돈의 지배

이 샤넬, 에르메스 명품 매장에 줄을 서고 있다. 꽤 오랜 시간 줄을 섰는지, 낚시 의자, 텐트, 침낭들이 보인다.

이런 청년들이 지금 꽤 많다. 그러면 질문.

이 청년들은 과연 이 명품 샵 앞에 줄을 서서 들어간 다음 명품을 사게 될까?

물론 아닐 가능성이 높다. 그럼 이 사람들은 사지도 않을 거면서 왜 이렇게 줄을 서고 있는 것일까?

뭐 대부분 눈치채셨겠지만, 당연히 대신 줄을 서 주고 있을 가능성이 높다. 진짜 명품을 살 사람을 대신해서 말이다. 물론 공짜로 이렇게 해주지는 않을 것 아닌가?

그럼 이 청년은 자신의 시간을 투자해서 돈을 받고 대신 줄을 서 주는 것이 아닌가? 이건 자본을 가지고 있는 사람이 청년의 시간을 산 것이 아닌가?

그럼 자본을 가지고 있는 사람이 돈을 이용해서 내가 써야 할 시간을 쓰는 것이 아닌가? 그럼 결국 돈으로 사람의 시간을 사는 것이 아닌가?

여러분들은 그렇지 않은가? 이 책을 읽고 계신 대부분들이 여기에 속할 거라고 확신한다. 왜?

대부분의 사람들이 회사에 다니고 있지 않은가? 보통 근로계약서에 월 급여 200만 원이든 300만 원이든 적고 근무를 한다. 그렇게 내 하루 10시간이든 12시간이든 직장에서 시간을 보낸다. 결국 나의 시간이 뺏긴다. 이건 내가 아무리 일을 잘하든 못하든 일하는 시간에 한해 똑같은 돈이 생긴다. 그럼 이 일을 했으므로 누군가 이득을 보겠지? 일단 내가 돈을 벌었지만, 결국 누구를 위해 이렇게 일을 하는 것인가? 바로 회사의 성장을 위해, 매출을 높이기 위해, 이렇게 돈을 벌게 된 것이 아닌가? 내가 한 달 200만 원어치를 벌기 위해 일했지만, 실상 이 200만 원으로 이 회사나 대표는 1천만 원 이상의 돈을 벌 수 있는 것 아닌가?

결국 대표가 돈을 벌 수 있게끔 말단 사원의 시간을 산 것이다. 대표는 다른 사람의 시간을 돈 주고 사면서 지배하는 사람이고, 직원은 자기 시간을 이용해서 돈을 벌어들이면서 지배당하는 사람이다.

그럼 자본주의 구조로 보았을 때, 어떤 사람이 더 자본주의에서 더 잘 살아남겠는가? 시간을 지배하는 사람? 시간을 파는 사람? 당연히 지배하는 쪽이 높아지지 않겠는가?

물론 필자도 지금 당장 돈과 시간을 지배하는 쪽은 아니지만, 지배하려고 나아가는 중이다. 우리가 알아야 하는 것은 시간은 결국 돈이다. 누군가에게 팔 수도 있고, 팔릴 수도 있고, 누군가의 시간을 사면서 지배할 수 있다. 이 모든 것이 돈으로 해결이 가능한 부분이다.

시간을 지배하려는 사람이 되어야 한다.

이 책을 읽고 계신 분들이 시간을 소중하게 쓰면서 이 시간을 지배하는 사람이 되었으면 좋겠다는 생각으로 쓰는 것이다.

돈의 지배

# 자산과 부채

여러분은 자산과 부채라고 하면 뭐를 떠올리는가? 자산이라고 하면 내가 가지고 있는 재산, 흔히 자동차, 집이 떠오르고, 부채라고 하면 대출, 빚이 떠오르지 않는가?

사실 다 맞는 말이지만, 필자가 읽었던 책 중에 정말 감명 깊게 읽은 로버트 기요사키에 《부자 아빠, 가난한 아빠》라는 책이 있다. 정말 좋은 내용들이 많은 책이다. 나중에 기회가 되면 꼭 봐야 한다.

그 책에서 나오는 내용 중 자산과 부채에 대한 내용을 말하려고 한다.

우리가 흔히 자산이라고 하면 내가 가지고 있는 재산이라고 생각하지만, 이 책에서 말하는 자산은 다르다. 내가 가지고 있는 것을 통해서 돈을 벌어들이는 행위를 자산이라고 말한다.

부채는? 흔히 말하는 대출? 빚? 아니다. 여기서 말하는 부채는 바로 돈이 나가는 행위를 부채라고 말한다.

이 내용에 핵심은, 내가 일해서 버는 것도 중요할지언정, 내가 일하지 않았을 때에도 내 재산을 통해서 돈을 벌어들임이 중요한 것이다.

아직 무슨 말인지 잘 이해가 되지 않을 테니 예시를 들겠다.

예를 들어 내가 열심히 일을 해서 악착같이 돈을 모아서 10억짜리 집을 대출 하나 끼지 않고 샀다. 이 집은 오로지 내가 벌어들인 돈을 통해서 집을 샀고, 내 이름으로 등록했으니 법적으로 나의 재산이다.

그러면 보통 이런 경우에 '이 집은 자산인가요, 부채인가요?'라고 물어본다면 어떻게 대답하겠는가?


1. 자산
2. 부채


아무런 빚도 없으니 보통 자산이라고 말하겠지만, 이 집은 엄연히 부채이다. 아니, 왜 부채인가? 생각하겠지만, 로버트 기요사키 관점에서 보게 된다면, 돈을 벌어들이는 것이 자산이고, 돈이 빠져나가는 것을 부채라고 표현한다.

내가 만약 집을 샀다, 일단 등록부터 해야 하니 취등록세를 내야 한다. 그리고 매달 이 집을 관리하기 위한 관리비를 내야 하고, 가스비도 내야 한다. 그리고 내가 재산으로 가지고 있다 보니, 재산세도 내야 한다.

기껏 내 것이 된 집이 있지만, 나에게 돈을 벌어다 주는가? 아니다. 오히려 돈이 계속 나가고 있다. 이렇게 돈이 나가고 있다 보니 이 집은 엄연히 부채라고 말하는 것이다.

물론 집이라는 것은 시간이 지나면 가치가 올라갈 수도 있고, 그렇게 올라가게 되었을 때 더 많은 돈을 벌어들여서 자산으로 볼 수 있지만, 현재는 이해를 돕기 위해 이 부분은 제외하였다.

결국 이 10억짜리 아파트 빚 하나 없이 내 돈으로 사서 살고 있지만, 결국 지속적으로 돈이 빠져나가는 이 집은 부채이다.

그러면 세상 모든 집이 다 부채이지 않냐? 이렇게 생각할 수 있다. 우리는 살면서 돈이 안 나가는 경우는 없지 않은가?

그렇다면 이 집을 이제 자산으로 바꾸어 보겠다.

10억짜리 집을 세를 내준다. 월세 300만 원 정도 받으면서 세를 내주고 나는 이 집에 살지 않게 되면 매달 이 집을 통해서 300만 원은 들어오지 않는가?

내가 살 집도 사라지지만, 이 매달 나오는 300만 원을 통해서 집을 구하면 되지 않는가? 내가 지금 당장 10억 원짜리 아파트에서 거주를 하는 것이 아닌 조금 더 눈을 낮춰 5억 원짜리 집에 들어가 월세 200만 원씩 내면서 거주하게 된다면, 매달 내 집을 통해서 100만 원을 벌어들이고 200만 원은 월세로 충당 가능하지 않은가? 물론 월세살이를 하니까 매달 관리비, 가스비가 나가게 될 것이고, 그 부분까지 제한다 하니라도 매달 70만 원씩 돈이 들어오게 된다.

이 70만 원이라는 돈은 그냥 단지 내가 이 집에 세를 내줬다는 이유 하나만으로 이렇게 돈이 생성된 것이 아닌가? 내가 직접 일을 했는가? 아니다, 내 재산이 일을 해서 벌어들인 돈이다.

이번에는 자동차로 예시를 들어 보자.

할부 대출 하나 없이 자동차를 사게 되었다. 이 자동차는 자산인가? 물론 기존에 있었던 개념으로 보면 자산으로 볼 수 있지만, 지금 필자가 말하는 기준점에서는 이 자동차는 부채이다. 그것도 집보다 더 심각한 부채이다.

자동차를 사서 자동차 등록증에 내 이름이 적혀 있으며 매달 나가는 할부금은 없을지언정, 이 차를 타기 위해서 보험료를 내야 하고, 움직이게 하기 위해서는 기름값도 내야 하고, 어느 정도 기간을 타게 되면 이 차를 정비하기 위해서 돈이 들어간다. 그것만 들어가는가? 매년 자동차세도 꾸준히 납부해야 한다. 그렇게 시간이 흘렀을 때 이 자동차의 가치는 어떻게 되는가? 중고가 되면서 내가 실제로 지불했던 돈보다 더 싼 금액에 처분해야 한다.

결국 내가 마음에 들어서 4천만 원에 이 자동차를 구입했지만 매년 나가는 기름값, 보험료, 세금으로 매년 약 600만 원씩 나간다고 했을 때, 3년이면 1800만 원이 된다. 3년 뒤 이 자동차를 중고로 처분하여 2500만 원에 팔게 된다면?

차량 4000만 원 구입 + 3년간 유지비 1800만 원 = 5800만 원(총 들어간 돈)

5800만 원(총 들어간 돈) - 2500만 원(중고가) = 3300만 원

결국 3300만 원만큼 부채가 생기는 꼴이다. 물론 차를 이용해서 자산으로 만드는 방법도 가능하다.

예를 들어 4천만 원으로 내가 차량을 구입했다 하면 일단 부채겠지만, 이 차를 이용해서 돈을 벌어들이면 자산이 된다. 내가 혹시나 택시운전사가 되어 이 차를 이용해서 돈을 벌어야 한다면? 이 차에 돈은 더 들어가겠지만, 매달 400만 원 이상씩 돈을 벌어들이면 결국 이 차는 자산이다. 물론 들어가는 유지비가 있다고 가정하고 300만 원 정도는 벌어들인다. 그럼 1년 4800만 원, 3년 1억 4400만 원을 벌어들인다. 택시차량은 보통 가스차라 유지비가 일반 승용차보다 덜 들어가겠지만, 그래도 운행을 어림잡아 1천만 원으로 잡게 되고 계산하게 되면

1억 4400만 - 4000만(차량값) - 3000만(유지비) = 7400만 원

결국 택시를 이용해서 돈을 벌어들이게 된 것 아닌가? 이렇게 이용하면 자산이다.

아무리 이 택시로 돈을 벌어들여서 자산이라고 하지만, '결국 내가 직접 일한 거 아니야?' 이렇게 생각할 수도 있다.

그러면 이제 이런 식으로 운영하는 것이다. 이 3년 동안 일해서 이미 이 차량에 대한 값 + 차량 한 대를 더 살 돈이 만들어진 상황에서, 택시를 새로 삼과 동시에 다른 사람의 시간을 사서 나 대신 돈을 벌어 오라고 시키는 것이다. 한 달에 400만 원씩 매출 찍는 것을 목표로 하고 급여는 약 220만 원, 차량유지비 100만 원 정도 가정했을 때 80만 원이라는 돈이 나에게 들어온다.

이렇게 다른 사람의 시간을 사서 돈으로 만들어지지 않는가? 내 시

간은 차량 한 대 더 살 수 있으니 내가 직접 택시를 몰고 돌아다니게 되면 매달 유지비 제외한 300만 원 정도의 이익에서 약 400만 원 이상의 급여를 벌게 된 것이 아닌가?

택시 한 대당 대략 80만 원씩 벌어다 들인다. 이렇게 벌어다 들이는 것은 내가 일해서 벌어들이는 것이 아니라, 다른 사람의 시간을 사서 벌어들인 것이다. 이렇게 10개의 택시가 생기게 된다면? 매달 800만 원의 수익이 생기게 된다. 그럼 이건 내가 일해서 벌어들이는 돈이 아닌, 타인의 시간을 사서 벌어들인 자산이 아닌가?

이렇게 하나의 택시 회사가 탄생하게 되면서, 다른 사람의 시간을 사 지배하는 대표가 되는 과정이다. 물론 필자는 택시 회사를 다녀 본 적도 없으며, 운영해 본 적도 없으니 회사의 내부 상황은 자세하게는 모르지만, 지금 필자가 말하는 내용의 본질은 내 돈을 이용해서 돈을 벌어들이는 자산에 대해 이야기하고 있는 것이다.

보통 이렇게 되면 사업소득이라고 말하지만, 결국 내 자산을 이용해서 내가 일하지 않더라도 돈이 벌리는 시스템을 만들어 내게 된다.

우리는 살면서 이렇게 내 재산을 어떻게 자산으로 만드는 것에 집중하여야 한다. 내가 더 이상 일하지 않더라도 꾸준히 고정적으로 돈이 들어올 수 있는 시스템들을 만들어 봐야 한다. 언제까지? 내가 일하는 기간 동안.

평균 사람들은 몇 년간 일을 하게 되는가? 20대 중후반부터 일해서 60이 되기 전에 은퇴를 한다. 그럼 약 30년 가까이 일을 하게 되는 셈이다.

그럼 물어보자. 30년 가까이 일을 할 때는 내가 벌어들이는 돈으로 먹고살고 있지만, 30년이란 시간이 흐르고 더 이상 일을 할 수 없게 되었을 때 당신은 어떻게 살 수 있는가?

내가 모은 돈으로 살거나, 없다면 국민연금에 의존하면서 살게 되지 않겠는가?

국민연금은 지금 네이버에 검색하면 2057년 고갈 예정, 2055년 고갈 예정 이런 뉴스들이 굉장히 많이 나온다. 보통 국가에서도 나라가 위험할 때 국민들 안정시키려고 위험적인 단어는 잘 안 쓰는데도 불구하고 저렇게 쓰는 거면 정말 고갈될 위험이 높다는 말이다.

그런 의미에서 개혁안을 내놓고 있다. '국민연금 많이 내고 더 받자.', '늦게 받자.' 등 말이 많은 부분들이 있지만, 항상 생각해야 하는 것은 못 받는 상황이다. 그런 상황이 생겨 버리면 돌이킬 수 없다.

즉 당신의 생존은 국가가 책임져 주지 않는다는 말이다. 지금까지 수많은 세금을 내면서 살아왔는데, 나중에 무책임하게 나오는 부분은 굉장히 화가 나는 부분일 수도 있지만, 우리가 알아야 하는 것은 내 스스로의 미래를 나라에 의존하면 안 된다는 말이다.

우리는 지금 나라에서 먹여 살리는 공산주의나, 다 같이 평등하게 살자고 하는 사회주의에 살고 있는 나라에 살고 있는가? 아니면 철저히 개인에게 자유가 보장되며, 개인이 재산을 소유하면서, 권리를 행할 수 있는 자유민주주의, 자본주의에 살고 있는가?

여러분이 착각하면 안 된다. 지금까지 자본주의에 살면서 남들은 다 자산을 만들려고 노력하고 부자가 되어 가고 있을 때, 본인 스스로가 자산을 만들어 내지 못하고 가난해지면서 나이 들어 "국민연금 나눠 줘야지. 왜 나는 안 주는 거냐!"라고 소리친다면, 그건 당신이 준비를 안 한 거다. 사회에게, 국가에, 자산을 만들어 간 부자에게, 책임을 떠넘기면서 남 탓하는 정말 어리석은 행동이다. 그건 철저히 당신이 준비 안 한 거고, 노력도 안 한 거고, 이런 부분에 관심을 가지지 않은 탓이다.

그래도 여기에 관심을 가지면서 생각하고, 고민하는 사람들도 있다.

그 사람들 대부분 생각과 고민에서 끝난다. 저런 미래가 된다면 그제야 이렇게 말하겠지. "사실 난 이렇게 미래가 안 좋을 줄 알고 있었는데, 그때 좀 할걸."

〈개미와 베짱이〉란 동화의 교훈은 '개미처럼 열심히 일하고 아껴 쓰자.'다. 근데 우리는 아껴 쓰는 법만 알지 자산을 만들지 않아서, 결국 열심히 일하고 아껴 쓰다가, 배짱이 같은 최후를 맞이하게 될 것이다.

우린 살면서 놓치는 것이 있다. 필자가 일을 하면서 부자들도 많이 만나 봤고, 가난한 사람도 많이 만나 보았을 때, 진정한 부자들은 이렇게 자산을 만드는 데 집중하고 있고, 가난한 사람들은 그냥 내 돈으로 무언가 사려는 데 집중하고 있다.

부자들은 내가 이 물건을 사더라도 나중에 어떻게 돈을 벌 수 있는지 고민한다.

가난한 사람들은 그냥 산다.

현명한 사람들은 돈을 쓰면서도 돈을 벌어들인다.

돈의 지배

현명하지 못한 사람들은 돈을 쓰고 돈을 못 벌어들인다.

현명한 사람들은 미래의 가치를 보면서 사들인다.

현명하지 못한 사람들은 현재의 가치만 보고 산다.

현명한 사람들은 부자가 된다.

현명하지 못한 사람들은 가난하게 된다.

# 돈과 시간의 상대성 이론(위기)

삶 = 돈 × 시간

아무리 오래 살더라도 가난하게 살면 고통이고,
아무리 돈이 많더라도 내일 당장 죽으면 부질없다.
돈과 시간의 균형이 인생에서의 조화를 만들어 낸다.
우리가 가진 시간과 돈을 이용하여 그 균형을 만들어 내야 한다.

현재 필자는 여러 부자들을 만나고, 만날 수 없으면 책도 읽고, 유튜브를 본다. 크게 느낀 차이는 저렇다. 필자도 물론 명품을 좋아하고, 사고 싶은 물건들이 굉장히 많다. 33살 나이를 먹으면서 과거 20대 때는 버는 족족 술 먹고, 놀러 다니면서 돈 쓰기 바쁘다. 그렇게 20대 때 모은 돈 하나 없다.

필자는 술을 굉장히 좋아하는 편이다. 과거 노동자였을 때 하루 한 병 이상씩은 꼭 마셨다. 술 없으면 못 살 정도로 알코올 중독자 정도였다. 지금도 가끔 술을 마시고 싶다는 생각이 많이 들지만 절제하는 편이다.

당시에는 그렇게 살아도 아무 문제가 될 거라 생각하지 않다가, 현실을 깨닫고, 세상의 이치를 깨달았다.

0~25세(성장 교육의 과정), 25~60세(돈을 버는 과정), 60~100세(노후의 과정)

우리의 인생은 그렇다. 태어나서 내 몸이 성장하는 과정, 직업을 구하기 위해 교육받는 과정. 0세~20세.

20세부터는 더 스펙을 쌓거나 공부하기 위해 대학교를 들어가는 과정 4년(남자는 군대 2년, 포함하면 6년)이거나 바로 돈을 벌거나.

그럼 돈을 버는 기간은 20대 중후반부터 60세가 되기 전, 약 30년이라는 시간을 돈을 벌게 된다.

그리고 남은 기간은 노년을 보내게 된다.

그럼 당신은 몇 살까지 살 것 같은가? 70세~80세? 참 대한민국이란 나라는 의료 부분에서 정말 살기 좋은 나라이다. 의료 기술들이 발달되어 있다 보니 평균 수명은 과거 80세에서 늘어나 90세, 이제는 100세 시대라고 말하는 시대이다. 그럼 우리가 돈을 버는 과정 안에서 자산을 만들어 놓지 않게 되면 어떻게 되는 것일까?

그럼 여러분들이 일하는 시간 30년을 보내면서 노후 과정을 잘 보낼 수 있을 거란 의문을 스스로에게 던져 봐야 한다. 스스로 던져 보았을 때 어떠한가? 지금 대한민국에서 이런 노후에 대한 준비가 되어 있는 사람은 90%도 안 된다고 답변할 수 있다.

왜 그럴까?

지금 당장 소비 패턴만 보더라도 현재 먹고사는 데도 힘들다고 말하기 때문이다.

이 부분이 참 재미있는 부분이다. 100만 원 벌더라도 먹고살기 힘들고, 200만 원 벌더라도 먹고살기 힘들다.

'뭐, 돈게 비니까 먹고살기 힘들겠지.' 이런 생각이 자연스럽게 들시만, 1천만 원을 벌어도 먹고살기 힘들다고 말한다.

월 1천만 원을 버는 것은 굉장히 고소득층에도 불구하고 먹고살기 힘들다고 얘기한다.

그래도 국민연금이 있지 않은가?

맞다. 우리에게는 국민연금이 분명 있다. 나라에서 '너 돈 관리 잘 안 될 테니까 일하는 동안 일정 부분 내. 그러면 노후 책임져 줄게.'

소득의 일정 부분을 떼서 나라가 관리해 주고, 운영을 하다가 노후에 주는 방식이다.

그럼 당신은 아무것도 준비 안 하고 이 국민연금에 의존해서 살 것인가? 일단 지금 시점에서 국민연금이 얼마나 나오는지 혹시 생각해 본 적이 있는가?

월평균 250만 원~300만 원 버는 사람이 20년 동안 근무를 하고 국민연금을 냈을 때 지급되는 국민연금이 매달 98만 원 정도 된다. 매달 100만 원 언저리로 받게 된다면 만족하면서 먹고 살 수 있겠는가? 그리고 시대가 흐름에 따라 물가 상승률로 인해서 지금 100만 원의 값어치와 미래의 100만 원의 값어치는 엄연히 다르다.

그리고 가장 중요한 것은 이런 국민연금조차도 받기 어렵다는 사실을 알고 있는가? 그걸 알기 위해서는 국민연금 시스템을 알고 있어야 하는데, 소득의 일정 부분을 국민연금 비용으로 받고 그 돈을 그냥 가만히 놔두는 것이 아니라, 투자 운용으로 더 불려 나가서 더 커지게 된 금액으로 지급하는 방식이다.

그럼 '그렇게 운영을 해서 돈을 많이 불려 나가면 되지.'라고 생각할 수도 있지만, 국민의 피 같은 돈으로 운영하는 건데 최대한 안전하게 움직여야 하지 않겠는가? 일반인들 스스로도 조금만 손실 나면 스트레스 받아 화를 내기 마련인데 국민연금은 어떻겠는가? 엄연히 남의 돈이고 나라의 운명을 거는 돈인데, 안정적인 것에 투자하다 보니 연평균 수익률이 4% 정도이다.

그럼 운용 수익률로 다 주게 되면 좋겠지만, 일단 국민연금의 재원이

쌓여야 운용할 수 있는 것 아닌가?

일단 국민연금의 재원으로 말하자면, 지금 은퇴해서 국민연금을 받고 계신 부모님들은 안정적이게 받을 수 있다.

왜?

지금 부모님의 자식들은 대부분 1980년생, 1990년대 생이 많다. 이 때는 출산율이 나쁘지 않은 편이라 지금 우리가 일하는 돈으로 국민연금 재원이 생기는 것이고, 그 재원으로 운용하면서 지금 국민연금을 지급할 수 있다.

지금 대한민국에서 가장 큰 문제라고 하고 있는 것이 무엇인가? 바로 저출산 문제 아닌가?

과거 부모님 베이비 붐(우리나라에서는 6·25 전쟁 이후 신생아 출생률이 급격하게 증가한 시기에 태어난 세대를 베이비붐 세대라 지칭한다.)세대로 3남매 이상은 기본이었고, 5남매, 많으면 10남매로 출산율이 어마어마하였으며, 80~90년생은 한 집안 당 출산율이 평균 2명 정도 되었다.

그럼 지금 세대는 어떠한가? 지금 시점의 출산율은 어떠한가? 가임여성 1명당 0.7명이다. 즉 없거나 1명 낳거나 둘 중 하나란 소리이다. 아이를 낳기 위해서 남자와 여자의 쌍을 이뤄 내서 출산하기 때문에 대한민국 인구를 유지하기 위해서는 최소 2명은 낳아야 지금 인구를 유지하게 되는데도 불구하고, 지금 시장은 낳거나 안 낳거나다. 인구수가 줄어들고 있는 것이다.

그럼 지금 있는 국민연금은 우리가 돈을 벌어서 우리 부모님을 먹여 살리는 재원으로 사용된다고 하자. 우리가 나이가 들어 은퇴를 하고 국민연금을 받게 되는 시점은 어떻게 될까? 저출산 문제로 인해 우리의 연금을 벌어다 줄 아이들은 터무니없이 적은 상황에서 노인들만 굉장히 많은 문제가 발생될 것이다. 돈을 벌어다 주는 인구는 별로 없고 받을 인구들만 많으니 줄 돈은 더 이상 없어지게 될 것이고, 그렇게 고갈이 되면 받기 어려워질 것이다.

그럼 당신이 국민연금에 의존하면서 '나라가 책임져 줄 거야.'라는 생각으로 아무런 대비를 하고 있지 않다가 막상 받을 시점이 될 때, '여러분 저출산 문제로 국민연금이 고갈되었어요. 알아서 하세요.'라고 듣게 된다면 당신은 어떻게 하겠는가? 다시 일을 하겠는가? 이미 나이가 들어서 취직하기는 어려운 시점일 텐데, 무슨 일을 하겠는가? 폐지라도 줍지 않겠는가?

그런데 중요한 것은 이런 준비가 안 된 노년층이 한두 명일 것 같은가? 개별적으로 자산을 준비하지 못한 사람들은 수두룩할 것이고, 그 사람들도 생존을 위해 밖에 나와 일자리를 구하거나 폐지를 줍게 될 것이다. 그럼 이 폐지를 줍는 것조차 어마어마한 경쟁 구도가 될 것이다.

쓸데없이 나라 의료 시스템은 좋다 보니 60세에 은퇴했음에도 앞으로 100세까지 살아야 한다. 일을 약 30년 동안 했는데 40년 동안 먹고 살려면 폐지를 주우면서 살아야 한다. 우리가 오래 사는 것은 좋은 일이 될지라도 가난하게 오래 사는 것은 그냥 고통이다. 당신은 나라만 의존해서 가난하게 살고 싶은가?

지금 이런 위기 상황 때문에 나라에서도 직접 2057년 90년생부터는 국민연금을 지급받기 어렵다고 말하는 추세이고 최근에는 2057년이 아닌 2055년, 88년생부터 지급받기 어렵다고 말하고 있다. 이건 나라에서 직접 말하고 있는 것이다.

이런 문제를 해결하기 위해 국민연금 개혁안이라고 혁신처럼 나왔는데 별 것 없다. 많이 내고 늦게 받자이다. 그렇다는 뜻은 결국 국민연금을 받을지언정 내 안정된 생활만큼은 받기 어렵다는 것이다.

근데 정말 웃긴 것은, 나라에서 지급되기 어렵다고 말하고 있으면서 개별적으로 대비하라고 말하고 있지만, 대비책은 주고 있지 않는 것이다.

왜?

우리가 초, 중, 고, 대학교 나오면서 돈을 운영하거나 금융에 대해서 제대로 공부한 적이 없기 때문이다.

우리는 학창 시절 국, 영, 수, 사, 과 교과적인 위주로 공부를 하면서 지식을 얻고 취직에 집중을 하였지만, 돈을 운영하는 방법에 대해 들어보지 못했다.

여기서 중요한 점은 우리가 교과적으로 공부하는 것들이 나를 먹여 살리는가? 아니다. 내 돈이 나를 먹여 살리는 것이다.

여기서 생각의 깨우침을 얻고 자산을 준비하는 사람들은 안정적인 노후를 보낼 것이고, 자산을 준비하지 않고 돈을 벌고 쓰는 데만 집중하는 사람들은 나중에 가난하게 보내게 될 것이다.

우리는 살면서 운동을 하고 영양제를 챙겨 먹으면서 최대한 건강을 유지할 수는 있지만 늙지 않을 수가 있는가?

돈의 지배

노후는 피할 수 없는 시간이며 우리 시간을 거쳐 갈 수밖에 없는 자연의 섭리이다.

당신이 지금 열심히 일하고 있는 시간은 가난하게 살기 위해서 쓰는 것인가? 아니면 편안하게 살기 위해서 쓰는 것인가. 다시 한번 깨닫기 바란다.

# 돈과 시간의 상대성 이론(사명)

삶 = 돈 × 시간

아무리 오래 살더라고 가난하게 살면 고통이고,
아무리 돈이 많더라도 내일 당장 죽으면 부질없다.
돈과 시간의 균형이 인생에서의 조화를 만들어 낸다.
우리가 가진 시간과 돈을 이용하여 그 균형을 만들어 내야 한다.

사람들이 지금 돈에 집중하는 것은 누가 시이나.
돈을 어떻게 많이 벌까?
돈을 어떻게 쓸까?
물론 이 부분이 잘못되었다고 말하기는 좀 어렵다. 왜냐하면 '돈을 어떻게 더 많이 벌 수 있을까?'라는 부분은 우리가 벌어 가는 과정 약 30년에서 정말 중요한 부분이기 때문이다.
그럼 돈을 많이 벌어도 소비가 높아지다 보니 관리가 안 되어 먹고살기 힘들다고 자연스럽게 얘기가 나온다.

그럼 우리가 돈을 버는 30년이란 시간이 지나 노후에 시간이 다가온다면, 그때는 돈을 전혀 벌어들이고 있지 않는 시간인데, 그때는 어떻게 되는 건가? 아무것도 남는 게 없지 않는가? 방금 보셨다시피 국민연금에 의존할 수 없는 노릇이다. 우리가 개인적으로 준비하지 않게 된다면 100세 시대 가난하며, 고통스럽게 지낼 것이다.

그럼 처자식이 돈을 많이 벌어다 줘서 당신에게 용돈을 줄 거 같은가? 그럼 물어보겠다. 당신의 소득 50% 이상 부모님에게 드리고 있는가? 지금 필자도 그렇게 못 주고 있다……. 애초에 당신은 몇 명의 자식을 출산할 생각을 가지고 있는가? 보다시피 지금 MZ 세대는 0명에서 1명 낳을까 말까 한 시대인데, 당신의 자식이 먹여 살리는 것은 불가능하다.

그런데 그 누구도 가난하게 살길 바라지 않는다. 부자가 되고 싶어 한다. 그럼 당신은 부자가 되기 위해 아니 가난에서 벗어나기 위해 어떤 준비를 하고 있는가? 필자는 현재 부자는 아니지만 부자가 되기 위해 뛰어가는 중이다.

그럼 어떻게 해야 하는지 알려 주겠다. 우리가 가진 돈에 세 가지를 집중시켜야 한다.

돈을 어떻게 많이 벌까?
돈을 어떻게 효율적으로 쓸까?
돈을 어떻게 관리할까?

돈을 만들어 가는 과정 안에서 사람들은 관리의 중요성을 잘 모른다. 하지만 관리를 하고 안 하고의 차이는 극심하게 크다.

내가 돈을 200만 원 적게 벌지언정 100만 원씩 자산을 부자처럼 잘 배분하여 관리를 하게 된다면 분명 엄청난 부자까진 아니더라도, 가난해지진 않을 것이다.

내가 돈을 5천만 원을 벌어도 10만 원조차 관리하지 못하게 된다면 100% 노후에 가난하게 살게 될 것이다.

내가 지금 당장 돈을 많이 벌고 안 벌고는 정말 중요한 사항이겠지만, 이걸 어떻게 어떤 방식으로 자산을 만들고 못 만들고의 차이로 내미래가 결정된다.

그래서 우리가 가져야 할 생각은 현재라는 시간에 살고 있으면서 소득이 많든 적든 어떻게든 자산을 형성해 나가야 한다. 이 이치를 깨닫고 29살부터 지금까지 자산을 만드는 방법에 대해 연구하고, 공부하고, 재무 설계를 도와주는 일을 하고 있다. 현재 필자는 앞으로도 일할 시

간이 약 30년 안 되게 남았지만, 필자는 자신 있게 말할 수 있다. 노후는 걱정이 없다.

현재 필자의 자산은 약 3억 되는 아파트 하나에 매달 100만 원 정도 일하지 않더라도 나올 수 있게끔 자산을 만들어 놨다.

물론 과거 20대 조금씩 모은 돈이랑 현재 일하면서 만든 돈 합쳐서 만든 결과지만, 그래도 필자는 자산을 만드는 데 집중하고 있다.

이 세상 살아가는 이치를 깨달아야 한다. 당신이 벌어들인 돈이 자산으로 만들어지고 이 자산이 돈을 계속해서 생성해 내는 시스템을 만드는 데 집중해야 한다.

그렇게 시간이 지나게 되면 어느새 내 자산이 벌어들이는 돈이 당신의 월급의 절반 정도 되어 있을 것이고, 어느새 월급과 비슷해질 것이며, 어느 순간 당신이 벌어들이는 돈보다 많아질 것이고, 그렇게 시간이 지나 은퇴를 하게 되었을 때는 남들 폐지 주우러 갈 때 당신은 안정적인 노후를 지낼 수 있을 것이다.

세계적인 부자 워런 버핏이 한 말이 있다.

> 당신의 돈이 자고 있을 때도 일을 하고 있지 않다면,
> 당신은 죽을 때까지 일을 하게 될 것이다.

당신은 은퇴하고 죽을 때까지 고통받으면서 일하고 싶은가? 아니면 안정적으로 노후를 보내고 싶은가?

# 자산을 만들어야 하는 이유

여러분에게 물어보고 싶은 게 있다. 부자가 되고 싶은가? 백이면 백 다들 부자가 되고 싶다고 말할 것이다. 필자 역시 늘 부자가 되고 싶고, 지금 부자라고 말하기에는 많이 부족하다. 그래서 부자들의 생각, 부자들이 하는 행동들을 지켜보고, 연구하고, 공부하고, 따라 한다.

유튜브를 보던 중 부자의 영상을 보았다. 서울 50억 아파트에 거주하면서 그 외에도 서울에 아파트들을 더 보유 중이다. 재산이 정확히 얼마나 있으신지는 모르겠지만, 보통 사람들은 "이야, 돈을 정말 잘 버는 사람이구나." 이렇게 생각하기 마련이다. 물론 기업의 회사이나 보니 돈을 정말 잘 번다고 당연히 생각할 수 있다.

그래서 이런 질문이 있었다. '월 최대 얼마까지 벌어 보셨나요?'

그분이 뭐라고 대답하였을까?

소득으로 벌어들이는 금액은 얘기하지 않고 이런 얘기를 하였다.

내가 벌어들이는 돈보다 내 자산들이 더 똑똑해서

돈의 지배

벌어들이는 돈들이 훨씬 많다.

라고 얘기했다. 이분도 역시 이렇게 자산을 만드는 과정이 하루아침에 되진 않았을 것이고 무수히 많은 시간과 인내의 과정을 거치면서 자산을 만드셨을 것이다. 정확히 몇 년이라고 말씀은 하지 않으셨지만, 약 10년 이상은 걸렸을 것 같다.

중요한 부분은 지금 벌어들이고 있는 노동 소득보다, 자신의 자산이 벌어들이는 돈이 더 많다는 점이다.

이분은 돈을 벌어서 자산을 만드는 데 집중하였고, 자산이 어느 정도 형성이 되어서 자신의 급여보다 높아진 것이다.

물론 이렇게 생각할 수도 있다.

'다른 사람들보다 돈을 더 많이 버니까 자산을 저렇게 만드는 거겠지. 나는 돈을 많이 못 벌어서 저렇게 못 만들어.'

이 정도만 생각한다면 당신은 평생 가난에서 못 벗어날 것이다. 돈을 많이 벌고 못 벌고는 숫자의 차이일 뿐이다.

생각을 확장해 봐라.

당신 월급이 200만 원 적은 수준이라고 못 만드는 것이 아니다. 이 200만 원으로 저 의사랑 똑같이만 한다면 10년 뒤를 보았을 때, 내 자산이 벌어들이는 돈이 결국 급여보다 더 많은 돈을 벌어들이게 될 수도 있지 않은가? 이 책을 읽고 부자가 되길 바라는 분들은 이것을 깨달아야 한다.

내가 지금 가지고 있는 생각을 단순하게 소득에 집중하고, 돈을 많이 못 벌기 때문에 '나는 안 돼.'라고 생각하는 생각은 지금 당장 버려라.

지금 당장 소득이 안 나오고 환경이 안 되더라도, 당신의 생각만큼은 부자처럼 생각하고, 부자처럼 행동할 수 있는 것 아니겠는가?

내 돈을, 내 시간을, 내 자산을 부자처럼 활용할 줄 알아야 부자가 되는 것이지 지금 당장 돈을 많이 못 번다고 지금 환경에 만족하면서 소비에 집중하게 된다면 평생 가도 당신의 상황이 지금 상황보다 좋아지지 않을 것이다.

이분은 의사시다 보니 돈을 많이 버는 것은 사실이다. 이분의 재산을 보면 누가 봐도 어마어마한 부자시다. 그럼 의사가 되면 다 이렇게 재산 백억대가 넘어가는 부자가 되는 것인가? 그것도 역시 엄연하게 아니다. 의사라고 다 똑같지 않다. 수익을 창출하였을 때 자산을 만드는 데 집중한 사람은 더 큰 부를 얻을 것이고, 자산을 만들지 않은 의사는 이렇게 부자가 될 수 없을 것이다.

돈을 많이 버는 것은 그 사람의 위치, 권리, 계급장 같은 것이지 부자로 직결되지 않는다. 부자는 자신의 자산을 만드는 데, 돈과 시간을 이용하여 만들어야 비로소 부자가 되는 것이다.


다들 똑같이 물려받은 재산 없이 동등한 위치에서 출발한다고 해 보자.

그럼 부자가 되기 위해선 둘 중 어떤 부분이 더 중요하고 집중해야 한다고 생각하는가?


1. 소득을 많이 올리는 데 집중
2. 자산을 만드는 데 집중

여러분들 생각은 어떤 게 중요한가? 물론 지금까지 책의 내용으로 봤을 때는 자산을 만드는 데 집중해야 한다고 말할 거라 생각할 수도 있지만, 사실 둘 다 집중해서 더 많이 늘리는 것이 중요하다.

돈을 많이 벌면 벌수록 더 많은 자산을 형성하는 데 유리한 점이 있기 때문이다. 내가 벌 수 있는 소득을 최대한 많이 벌어들여야 하고, 자산을 만드는 것에도 집중해야 부자가 될 수 있다.

일단 대한민국에서 소득만으로 부자가 되기 위해서는 굉장히 어려운 것이 현실이다. 왜 그런지 아는가? 돈을 아무리 많이 벌어도 세금을 피해 갈 수가 없기 때문이다.

대부분 세금에 대해 별 공감이 되지 않을 수도 있다. 그렇게 많이 내 본 적이 없기 때문일 것이다.

대한민국뿐만 아니라 다른 나라도 마찬가지지만, 돈을 많이 벌면 벌수록 나라에 더 많이 내게 되어 있는 누진세를 적용받는다.

흔히 월급이 얼마인지 물어보면 대부분의 사람들이 세후 200만 원, 300만 원 이렇게 대답한다. 월급 들어오게 될 때 원천징수하고 급여가 들어오기 때문이다. 세후 월 급여가 200만 원인 사람들의 세금 떼기 전 연봉이 약 2800만 원 정도 된다. 물론 세액공제나 소득공제가 하나도 없다는 가정에서 말이다. 세후 연봉 2400만 원이니, 약 400만 원 정도 세금을 떼는 것이다. 그렇게 많이 떼는 것 같다는 느낌이 별로 안 들 수가 있다.

그럼 세전 연봉 1억 3천 버는 사람은 월 천만 원 이상 벌지 않을까 싶지만 실 급여 세후 800만 원 정도다. 세금으로만 1년 약 3500만 원을 거

뒤들인다.

3500만 원이면 세후 200만 원의 연봉급이지 않은가? 절대 무시 못 하는 돈이다. 약 30% 이상을 세금을 낸다.

연 10억 이상 벌어들이는 사람은 약 50% 세금을 낸다. 무려 5억이라는 세금을 낸다는 말이다. 5억은 누군가의 집 가격보다 더 큰 금액이다. 이걸 세금으로 낸다는 의미이다.

내가 아무리 소득에 집중해서 조금씩 높인다고 해도, 대한민국 국민은 법률이 정하는 바에 의하여 납세의 의무를 지기 때문에 세금을 납부하여야 한다.

그래서 이런 세금을 줄이기 위해 세무사를 찾아간다. 세금 절세할 수 있는 부분들에 대한 전략도 필요하지만, 필자가 말하고 싶은 내용은, 근로소득만으로는 부자가 되기 어렵다는 의미이다. 그래서 자산을 만들어야 하는 것이 필수인데, 자산은 그럼 세금을 내지 않는다는 말은 또 아니다. 종목에 따라서 세금을 내야 하는 부분들이 물론 있다. 취등록세, 양도소득세, 이자 소득세, 나중에는 금융 투자 소득세도 생기는 부분들이 있다. 그래서 이런 말이 나오는 것이다. 죽어서도 세금은 피해 갈 수가 없다고.

아니, 내가 만들어 가는 자산 역시 세금을 내야 하는 건 매한가지인데, 왜 자산을 모아야지? 의문이 들 수도 있다. 그렇게 생각하면 정말 잘못된 생각이다. 요즘 대부분의 가정들을 보면 서로서로 맞벌이하는 모습을 볼 수 있다. 왜 맞벌이를 하는가? 돈을 더 많이 벌려고 하는 것이 아닌가?

그렇듯 내가 벌어들이는 소득, 내 자산이 벌어들이는 소득 두 가지를 합쳐서 더 올라가게 된다면, 부자가 되는 데 더 빨리 올라가지 않을까?

요즘 그런 말들이 있다. 노동 소득보다 자산 소득이 벌어들이는 돈이 더 많다.

물론 처음에 내가 가진 게 없다면 노동 소득이 훨씬 많을 것이고 자산 소득은 얼마 되지 않을 것이다. 아무리 만들어 내려고 해도 티도 안 날 것이다. 그래서 내가 자산 소득에 대한 이해도나, 중요성을 인지하고 깨닫지 않게 된다면, 분명 노동 소득에 의존할 것이고, 자산 소득은 만들어 놓지 않을 테니, 노동 소득에 집중해서 돈을 벌어들이는 데만 집중할 것이다.

그럼 이제라도 인지하고 깨달았다면, 어떻게 해야 하나? 노동 소득으로 벌어들이는 돈을 내 자산을 만드는 데 집중하는 것이다. 허튼 돈을 쓰지 않게끔 아껴 쓰면서 최대한 내 소득의 절반 이상을 자산을 만드는 데 집중하는 것이다. 물론 그 과정이 쉽지 않을 것이다. 왜냐하면 포기해야 하는 것들이 많아지기 때문이다.

내가 하고 싶은 거, 갖고 싶은 거, 놀고 싶은 것 등 포기해야 하는 것들이 많다. 그리고 그 과정도 내 자산 소득이 내 급여보다 많아지려면 정말 짧으면 5년, 10년은 걸리는 부분이다. 그 기간 동안 정말 많은 스트레스를 받을 수 있겠지만, 그 과정을 이겨 내게 된다면, 확신한다. 나의 자산이 형성이 되고, 나의 급여보다 자산으로 벌어들이는 것이 많다는 것을. 필자 역시 그 자산을 만들어 나가는 과정을 매일 모니터링하면서 전략을 수정하고, 공부하고, 만들어 가고, 고객들을 관리해 주고 있다.

너무 어렵고 힘든 과정이 될 수 있다. 하지만 우리가 살면서 원하는 것을 얻기 위해서는 그만큼 노력을 해야 하고, 노력하는 과정 안에서 포기해야 하는 부분들이 있다.

좋은 대학을 가기 위해 10대 때 성장하는 과정 안에서 노는 것을 포기하고, 노력을 한다. 공무원이나 좋은 직장을 갖기 위한 과정 안에서 역시, 노는 것을 포기하고 노력을 한다. 사람들마다 각자 노력의 가치에 따라서 원하는 목표치에 도달하는 사람들이 있고, 그렇지 못한 사람들이 있다.

이 자산을 형성하는 과정 역시 좋은 대학, 좋은 직장을 가지려고 노력하는 과정처럼, 노력해야 한다.

그래도 좋은 대학교나, 직장을 구하는 과정 안에서는 상대평가로 남들과 경쟁해서 살아남아야 하지만, 이런 자산을 형성하는 과정 안에서는 비교적 경쟁 구도는 더 낮으며, 누구나 다 진입할 수 있는 영역이면서, 어떻게 보면 좋은 대학 나온 사람, 좋은 직장을 구한 사람보다 역전할 수 있는 부분일지도 모른다. 왜냐하면 자산을 만들거나, 금융에 대한 지식은 초, 중, 고, 대학교, 취업하는 과정에서 그 누구도 알려주지 않기 때문이다.

대한민국 교육 시스템은 돈을 버는 방법에 대해 알려 주지, 돈을 관리해 주는 방법에 대해 알려 주지 않는다.

내가 아무리 좋은 대학, 취직에 성공하였어도, 내 돈을 전혀 관리하지 못하게 된다면, 남는 것이 없을 것이다.

내가 별 볼 일 없는 직장에 다니더라도, 30대부터 꾸준히 관리하면서 노력을 하고 자산을 만들게 된다면, 좋은 직장을 다니면서 관리 못하는 사람보다 더 잘살게 되는 것은 기정사실이다.

여러분이 지금 직장에 다니고 일을 하고 계신다면, 오늘 이 책에 대한 내용을 꼭 기억해 내시길 바란다. 과거의 노력들이 잘 안 되어서 상황이 안 좋을 수도 있고, 좋은 사람도 있을 것이다. 목표를 달성하지 못해서 지금 상황에 맞춰 일하는 사람이 있을 것이고, 내가 원하는 목표에 맞춰서 취직하고 일하는 사람이 있을 것이다. 당신이 만약 사회 초년생이고 원하는 직장을 구하기까지 정말 엄청난 간절함과 노력을 통해서 들어가서 다 이뤄 냈다고 생각했다면 오산이다.

내가 앞으로 일하는 기간, 앞으로 소득으로 벌어들이는 기간의 시작일 뿐이다. 이 시작에 들어섰든, 하고 있던 이 책을 읽는 과정에서 본인 스스로 인지하고 깨닫고 준비해야겠다면, 이제부터 제대로 된 하나의 스타트 지점이다. 이 기간이 인생에서 가장 중요한 기간이다. 왜냐하면 앞으로 나의 평생의 시간을 만들어 가는 과정이기 때문이다.

지금까지 내 인생이 원하는 대로 풀리든 안 풀리든, 중요하지 않다. 당신이 깨닫고 실행하는 것이 중요하다.

물어보겠다.

당신은 자산을 만들어서 부자가 되고 싶은가? 아닌가?

# 효과적인 소비

결국 돈을 벌면 어떻게든 써지기 마련이다. 아무리 돈을 최대한 안 쓰려고 노력해도 필수적으로 나가는 부분이 있다. 교통비, 식대, 주거비, 통신비 등등 이런 부분들은 어떻게든 소비가 되는 부분들이고, 남은 돈들로 교육을 듣든, 운동을 하든, 저축을 하든, 사고 싶은 걸 사든 이런 식으로 패턴이 이뤄진다.

일단 나의 소비 패턴이 어떻게 흘러가는지 파악을 하고 그 과정 안에서도 어떻게 더 줄일 수 있을지 고민하고 알아봐야 한다.

그럼 이런 필수 소비를 어떤 식으로 해결해야 하는가? 이 부분들을 자산이라는 시스템으로 운용하면 훨씬 더 효율적으로 가능하다.

자산이라고 하면 돈으로 돈을 만드는 것을 자산이라고 말했었다. 이 자산이라는 시스템을 한번 만들어 두고 계속해서 키워 나가 내가 일하지 않아도 평생 이 돈이 만들어지는 것을 목표로 필자는 여러 사람들을 도와주고 있다.

그럼 사회에 갓 나온 초년생이든, 돈을 모으지 못했던 사람이든, 1차

돈의 지배

적인 목표는 이런 자산을 만들어 가는 과정 안에서, 소비까지 어떤 식으로 해결해야 하는지 좀 알려 주려고 한다.

대부분의 자본가, 자산가들은 이런 필수적으로 나가는 것들을 자기가 일해서 내는 것이 아닌 자산을 이용해서 지출한다. 즉 황금 알을 낳는 거위를 만들어서 황금 알을 만들고 그 황금 알로 소비를 해내는 시스템을 만들면서, 내가 벌어들이는 돈을 또 하나의 거위를 만드는 것이다.

그렇게 거위들이 많아지게 되면 될수록 나의 자산은 더욱 많아지게되고, 그렇게 벌어들이는 자산의 규모가 급여의 10%, 20% 되었다가 어느새 절반, 급여 정도로 벌어들이고 있고, 나중에는 내가 벌어들이는 급여보다 내 자산이 벌어들이는 돈이 더 많아져 있을 것이다.

그 방법론으로 하나의 예시를 들어 주겠다. 대부분 사람들이 잘 모르고 있는 채권이라는 것을 통해 매달 확정적으로 1%씩 만들어 줄 수 있는 것들이 있다. 채권이기 때문에 주식처럼 원금이 왔다 갔다 하지 않는다. 물론 어떤 채권이냐에 따라 다르겠지만 필자가 지금 말하는 채권은 이자가 매월 1%씩 지급되며 연 12% 이율이 발생 된다. 높은 이율이라 생각 들 수 있지만, 현재 2024년 4월 기준으로 고금리에 제대로 된 사업 하고 있는 기업채라 기업분석을 하고 해도 괜찮겠다 하는 것들을 추천한다.

그러니 목돈이 천만 원 있다면 매달 10만 원, 1년이면 120만 원이 생기는 것이다.

그럼 내가 만약에 5천만 원이란 목돈이 있다면 매달 50만 원씩 생기는 부분이다. 필자도 이런 부분으로 지금 매달 100만 원씩 생성이 된다. 그럼 이렇게 만들어진 자산을 이용해서 내가 필수적으로 나가는 부분들을 해결할 수 있다.

그뿐만이 아니다. 이건 최근 한 고객의 자산을 디자인해 주는 과정 안에서 만들어진 내용이다.

고객이 5천만 원짜리 자동차를 사려고 하고, 현금으로 5천만 원 들고 있다. 여기서 이 차를 살려고 할 때 당신이라면 어떻게 사겠는가? 그냥 모은 돈 5천만 원을 일시불로 지불하여서 사지 않겠는가?

그럼 만약에 5천만 원짜리 자동차를 3천만 원 할인받아서 2천만 원으로 살 수 있다면 어떻게 하겠는가? 무려 3천만 원이나 할인해 준다면?

거절할 수 있는 사람이 없을 것이다.

이 5천만 원이라는 돈을 누구를 만나고, 어떻게 하는가에 따라서 누구는 5천만 원짜리 자동차를 5천만 원에, 누구는 2천만 원에 구입하게 되는 것이다.

5천만 원짜리 자동차를 5년 할부로 하면 약 80만 원 정도 나온다. 그러면 여기서 이 5천만 원을 채권에 넣게 되면? 매달 50만 원씩 이자가 생성된다. 그럼 이자가 생긴 걸로 할부금 갚게 된다면 30만 원만 내면 된다. 그렇게 5년을 다 납부를 하게 되고 채권을 빼게 된다면 총 실제 납입 금액은 이자 합쳐서 약 2천만 원에서 끝나게 된다.

그리고 맡겨 놓은 채권 5천만 원은 그대로 주머니에 돌아오게 된다.

돈의 지배

결국은 2천만 원에 구매하게끔 만들어 준 것이다.

그럼 여기서 채권은 위험하지 않은가? 이렇게 의문점을 가질 수도 있다. 위험하다 싶으면 필자도 안 한다.

그래서 채권에 대한 담보물도 확인하면서, 이 채권으로 어떤 식으로 수익을 창출하는지 직접 눈으로 확인하면서, 혹시나 있을 리스크에 어떤 안전장치가 설정되어 있는지 확인해야 한다.

왜 그런 상품들은 일반 사람들은 모르고 있지? 이러지 않은가?

원래 좋은 것이 있으면 남한테 알려 줄 이유가 없다. 필자에게 상담을 받고 더 좋은 현금 흐름을 만들면서 돈을 축적하고 싶어 하는 고객에게 알려 주는 비법인 거지, 굳이 이런 내용을 퍼트리고 다닐 생각은 없다.

예를 들어 당신만 알고 있는 재개발 지역의 땅을 우연히 알게 되었다. 이 땅을 사 놓으면 수익이 100배 증가될 수 있다면, 당신은 유튜브 촬영해서 떠들고 다니겠는가? 절대 안 그럴 거라고 확신한다. 친한 친인척이나, 친구들에게만 말하지, 일부러 노출도가 많은 유튜브에 나와서 직접 돈 벌 수 있는 기회라고 떠들지는 않을 것이다. 나중에 돈을 번 다음에는 그럴 수도 있지만.

대부분의 사람들이 원래 좋은 상품들이 있다면 굳이 입 밖으로 퍼트리고 다니지 않는다. 나랑 관계성 없는 사람들이 잘되어야 할 이유가 없기 때문이다.

그래서 이런 부분은 재무 설계를 하는 과정 안에서 자산을 배분하였을 때 만들어 주는 전략적 포트폴리오다.

지금 말하고 있는 내용에서 정말 중요한 것은 이것이다. 부자들은 알고 실행한 것이고, 여러분들은 모르고 안 하고 있으면서, 알게 되더라도 부자처럼 행동하지 않으면 부자가 될 수 없다.

여러분들은 부자처럼 행동하고 싶은가? 아무것도 하지 않고 가난한 사람이 되겠는가?


- 부자들은 물건 하나를 사더라도 자신의 자산을 이용해서 효과적으로 구매하고 사용하여 자산을 더 축적해 나간다. 사실 누구나 다 할 수 있는 방법들이지만, 가난한 사람들은 계산하지 않고 그냥 산다. 당신은 부자처럼 행동하고 싶은가? 가난한 사람처럼 행동하고 싶은가?

# 레버리지와 신용

일본은 지금 제로 금리다. 현재 2024년 4월 기준 0% 금리이다. 이렇게 금리가 낮으면 어떤 효과가 있을까? 일단 적금으로 돈을 모으려고 해도 1%조차 주지 않는 수준이다. 그렇다면 물어보겠다. 1% 이자도 생기지 않는 적금 당신이라면 넣겠는가?

물론 거의 대부분 안 넣으려고 할 것이다.

그런데 이런 금리가 낮은 부분을 충분히 효과적으로 쓸 수 있다. 대출을 이용하는 것이다.

국가 기준 금리가 이렇게 낮다 보니 어느 정도 직장 연차 수가 쌓이고, 신용도 높아지게 된다면 대출받을 때 금리가 1%대가 나온다.

혹시 지금 미국 기준 금리가 몇 %인지 알고 있는가?

2024년 4월 기준 5.5%대이다. 최근 물가 잡기 위해서 1년 반 동안 무려 금리를 22배나 상승시켰기 때문에 금리가 많이 높은 편이다.

미국에서 발행하는 국채 채권의 이자가 2024년 4월 기준 5% 정도 나오는데, 만약에 1%짜리 대출을 5천만 원 받아서 미국 국채에 넣게 된다면 매년 5% 이자가 발생이 되고 1%대출 이자를 갚게 되면 남은 4%는 내가 일하지 않더라도 수익이 생기는 부분 아닌가?

그러면 5천에 4% 면 200만 원, 매년 200만 원이 생기는 부분이다. 물론 경제 상황에 따라서 포트폴리오는 변경해야겠지만.

그러면 대출까지 빌려서 이렇게 확정적으로 수익이 날 수 있음에도 불구하고 '위험한 거 아니야?'라는 생각을 할 수도 있지만 물어보겠다.

당신은 미국이 망할 거라고 생각하나?

당신이 쓰고 있는 핸드폰 아이폰이든, 갤럭시든 밀접한 연관이 있다. 갤럭시면 안드로이드 구글 기반으로 쓰는 것이고, 당신이 쓰고 있는 컴퓨터 대부분이 윈도우 마이크로소프트 아닌가? 핸드폰을 켜면 인스타나 유튜브 보기 바쁜데 그 역시 미국 기업 아닌가? 이런 와중에 이 미국 기업들 모두 다 못 쓰게 된다면 어떻게 될 거 같은가? 일상이 무너지지 않겠는가?

미국이 망할 거라고 본다면 그전에 대한민국이나, 일본이 먼저 망할 확률이 훨씬 크다.

실제로 지금 일본 사람들 대부분이 하고 있는 투자 방식이다. 일본의 초저금리를 활용하여 레버리지를 일으켜서 더욱 높은 금리와 안전 자산에 투자하는 방식이다. 국경을 넘나드는 엔화를 해외 자산으로 옮기는 트레이드를 통해 고수익을 추구하는 일본인 일반 투자자이다. 엔 캐리 트레이드라고 한다.

이렇게 레버리지를 일으켜서 150만 원이란 돈을 벌어들이게 된다면, 내가 직접 일해서 수익을 일으킨 건가? 일단 내가 일한 것이 아니라 돈

돈의 지배

이 일을 한 것이다. 그러면 내 돈이 일을 한 것인가? 그것도 아니다. 이건 은행의 돈으로 일한 것이다. 엄연히 내 돈으로 일한 것도 아닌 상황에서 은행의 돈으로 일을 한 것이지만 그것에 대한 수익은 내가 벌어들인 것이다.

이건 결국 나와 아무 관계성이 없는 것으로 돈을 벌어들이겠다고 생각할 수도 있지만, 또 그렇게도 해석할 수가 없다. 왜냐면 은행에 대출을 받으려고 하면 나에 대한 신용이 있어야 가능하기 때문이다. 생각해 봐라, 아무 신뢰도 신용도 없고 갚을 능력도 없는 사람에게 이런 식으로 안전하게 돈을 벌 수 있다고, 백날 떠들어도 은행에선 신용이 있고 갚을 것 같은 사람들에게 돈을 빌려주지, 신용도 없고 일도 하지 않는 사람들에게 빌려주지 않는다.

아무리 신용이 없어도 부동산이란 담보가 있다면 얘기가 달라질 수 있겠지만, 그렇지 않으면 아무것도 나올 수가 없는 상황이다.

그럼 필자가 말하고 싶은 내용에 중점은, 부자들은 레버리지를 일으키면 그 레버리지로 인해서 돈을 벌어들여 자산을 축적해 나간다. 돈을 빌리는 것 자체가 돈을 벌어들이겠다는 생각인 것이다. 그 과정 안에서 부자들은 항상 신용을 만들고, 언제든지 레버리지를 일으킬 준비가 되어 있는 사람들이다.

가난한 사람들이 대출을 일으키면 무엇을 하는가? 돈을 쓰기 마련이다. 내가 사고 싶은 물건이 비싸서 할부로 사고, 차를 사기 위해 할부로 사는 것이다. 그렇게 일을 벌이고 감당이 안 돼서 조금이라도 연체가 된다면 신용도도 깎이기 마련이다.

부자들은 레버리지로 일으키면서 돈을 벌고 신용도도 올린다. 대출을 내는 것 자체가 돈을 더 벌겠다는 소리이다. 그렇게 신용도도 좋아진다.

가난한 사람들은 대출을 받아서 물건을 사고 감당이 안 돼서 신용도가 깎인다.

그렇기 때문에 정말 중요한 것은 자산을 만들어 가면서, 신용을 만드는 것이 굉장히 중요하다.

나중에 대출을 받아서 돈을 벌려고 해도 신용이 안 좋아 대출 이자가 17%짜리 감면받으나 마나이다. 꾸준히 신용을 관리하고 높이게 된다면 현재 기준(2024년 4월)으로는 4~5% 대출도 가능하다. 그래서 부자들은 자산을 만들면서도 철저하게 신용을 관리하는 것이고, 신용 자체로도 돈을 벌 수 있다.

부자들은 대출을 일으키는 행위 자체가 자산을 늘리겠다는 의미이며, 가난한 사람들에게 대출은 그냥 빚이다. 이게 금융이라는 것을 알고 어떻게 활용하느냐가 정말 중요한 포인트다.

자산을 만들어 가는 과정에서도 신용을 높이는 데 집중해야 한다.


- 신용이 있으면 뭐든지 할 수 있다. 무언가 좋은 아이템의 사업을 하는 과정 안에서도 사업을 잘할 수 있는 사람한테 돈을 빌려주지, 잘못할 거 같은 사람에게는 돈을 빌려주지 않는다. 인간관계에 있어서도 신용이 있는 사람이 돈은 없지만 뭐든 잘할 거 같으면 그 사람을 따라간다. 신뢰 하나 없는 사람에게는 따라가지 않는다. 나중에 내가 무너

지더라도 내가 신용이 있고 신뢰가 있는 사람이라면 다시 일어날 수 있는 최후의 밑천이 바로 신용과 신뢰이다.

부자들은 자신의 자산 하나 없이, 신용 하나만 있다면 그 신용을 이용해서 돈을 벌어들이면서 신용도 높아진다.

이런 부자들의 행동 하나하나에 집중하여 만들어 가야 한다.

2장

# 자산을 만드는 과정

# 은행

지금까지 필자가 자산이라고 말하고 있지만, 필자가 말하는 자산이라는 것은 꼭 무언가 정해져 있는 것이 아니다. 그것이 은행 이자가 될 수도 있고, 부동산이 될 수도 있고, 채권이 될 수도 있고, 주식이 될 수도 있고, 펀드가 될 수도 있고, 미술품이 될 수도 있고, 사업 소득이 될 수도 있다.

여기서 말하는 자산은 무언가를 말하는 것이 아니라, 내가 직접 내 몸과 시간을 써 돈을 벌어들이는 것이 아닌, 내 돈이 일을 해서 벌어들일 수 있는 수단이 바로 자산이다.

보통 사람들이 이런 자산을 형성하는 데 있어 가장 접근하기 쉬운 방식이 무엇이라 생각하는가? 당연하게도 은행이다.

은행은 과거부터 지금까지 수많은 사람들이 이용하고 사랑받는 곳이다. 왜 많은 사람들이 이용을 할까? 당연한 말이겠지만, 내 원금이 보장된다는 이유이기 때문이다. 그리고 돈이 있으면 현찰로 들고 있는 것보다 은행에 맡겨 놓는 것이 더 편하고, 이체라는 시스템을 이용해서

         돈의 지배

편하게 돈이 오갈 수 있으며, 예·적금 시스템을 이용해서 돈을 강제로 저축과 동시에, 이자까지 받을 수 있으니 수많은 사람들이 이용하는 것을 좋아한다.

우리는 어렸을 때부터 금융에 대해 어떤 식으로 공부를 하는가? 은행에 저축하라고 주입식으로 교육을 받아 왔고, 과거 부모님 세대부터 은행 저축 방식을 이용해서 돈을 모아 왔었다. 그렇게 모은 돈으로 집을 마련하고, 자녀 양육비, 학비들을 모아 왔었으며, 이미 그런 식으로 성실하게 모아서 안정된 생활이 되었다는 것이 검증되었기 때문에 지금 우리도 그 방식을 따라 하고 있다.

그럼 지금도 그 방식이 맞는 건가? 의문이 들어 본 적이 없는가?

시대나 트렌드는 빠르게 바뀌고 있다. 좋은 것은 좋아지고 과거의 구식 물건들을 아직도 사용하는 사람은 크게 없다.

우리 부모님 시절은 적금으로 큰돈을 모을 수 있었다. 맞다 인정한다. 1970년대 금리는 무려 30%대였고, 〈응답하라 1988〉을 보면 15% 금리라고 좀 떨어졌다고 말하는 것을 볼 수 있다.

지금 시기에 국민은행에서 30%짜리 적금이 출시하게 된다면 수많은 사람들이 줄 서 있을 것이다. 아니, 15%짜리 적금만 나오더라도 줄을 서서 적금 통장을 개설할 것이다.

그리고 당시에는 열심히 일해서 돈을 모으게 되면 너도나도 서울에 집 하나 마련이 가능할 정도로 서울 집값이 지금처럼 엄청 높지도 않았다. 정말 열악한 환경 속에서도 이겨 내시고 성실하게 일해서서 돈을 꼬박꼬박 저축해서서 집까지 마련하신 부모님들을 보면 아직도 대

견스럽고 대단하시다.

그러면 지금도 이런 방식으로 내가 서울에 아파트 하나 구할 수 있을까?

일단 과거 적금과 지금 적금을 비교해 보자. 과거 30%, 15% 적금은 이제 찾아보기 어렵다. 지금 금리가 높아져서 적금 이율이 꽤 높은 상품들이 가끔 나오는데 그마저도 6%대 정도 된다.

가끔 이자 10% 넘는 적금이라면서 시중은행에서 출시되는데, 그마저도 자세히 읽어 보면 특정 조건이 따라붙으면서 6개월짜리, 50만 원 이하. 이런 식으로 출시된다.

실질적으로 10% 이자 주는 적금들을 찾아보면 거의 대부분 실제로 10% 이자를 받기 어려운 한정 조건들 상품이다.

그럼 지금이야 6% 때 적금이 나오면서 돈을 모으는데 일단 이 적금이라는 시스템부터 알아야 한다. 이 6% 적금이면 6% 이자가 나오는 것인가?

지금 책을 읽고 계신 분들은 돈을 모으기 위해서 어떤 방법을 하고 계시나? 이렇게 적금을 넣고 계시나? 그러면 적금을 드는 이유가 무엇인가? 돈을 모으기 위해서인가? 아니면 이자를 챙기기 위해서 인가? 아마 돈을 모으면서 더 높은 이자를 받기 위해서일 것이다. 그러면 한 번이라도 내가 넣은 적금이 만기가 되었을 시 얼마의 이자가 붙는다고 계산을 하거나 알아본 적이 있는가?

아마 없을 것이다. 왜? 그냥 은행이니까, 안전하니까, 항상 믿음직스러우니까 '잘 주겠지.'라는 막연한 믿음도 있을 것이고, 아니면 귀찮아서 알아보지 않은 것일 수도 있을 것이다. 일단 대부분의 사람들이 알아보지 않고, 만기될 때 그냥 '만기됐구나.' 하면서, 원금보다 살짝 더 돈이 들어온 것을 보고 잘 모았다고 생각하면서 '이자 조금 들어왔나 보구나.' 생각만 한다.

여기서 의문점을 가진 사람들은 거의 대부분이 없다. 왜? 그냥 '돈을 잘 모았구나.'가 1순위면서, 별로 나오지 않는 이자는 후 순위이기 때문이다. 애초에 사람들이 바라는 것은 원금이 우선순위이자, 그 밖에 나오는 이자는 애초부터 큰 금액을 바라지 않기 때문에 그냥 넘어가는 부분이 많다. 그래서 알아보지 않는 사람들이 대다수이다.


먼저 대부분이 모르면서 은행이 가입할 때 알려 주지 않는 사실을 우리는 인지할 필요가 있다.

일단 계산하기 편하게 10%짜리 특정한 조건 없는 적금이 있다고 쳐보자. 그러면 내가 모은 돈에 10% 이자가 나올 것이 아닌가?

그럼 100만 원씩 1년 10% 적금을 예시로 들어 보겠다. 100만 원씩 1년을 모으면 원금 1200만 원이 생긴다. 그리고 10% 적금이기 때문에 이자가 얼마나 나와야 하는 것인가?

1200만 원의 10% 그러면 120만 원 이자가 붙어서, 만기 시 1320만 원이 들어와야 할 거라고 생각한다.

그럼 실질적으로 이대로 나오는가 알아볼 수가 있다. 우리가 좋아하는 포털 사이트 네이버에 적금 계산기라고 쳐 보고 입력해 보는 것이다.

適금 예금 대출 중도상환수수료

| 월적립액 | **1,000,000** 원 |
| | 100만원 |
| 적금기간  년  개월  **1년** | 연이자율  단리 월복리  **10**% |
| 이자과세  **일반과세**  비과세  세금우대 | |

| 원금합계 | **12,000,000** 원 |
| 세전이자 | **650,000** 원 |
| 이자과세(15.4%) | **-100,100** 원 |
| 세후 수령액 | **12,549,900** 원 |

↻ 초기화

우리가 생각하는 1320만 원이 나왔나? 아니다. 반올림해서 1255만 원 정도 나왔다. 이 사진은 네이버 포털 사이트에서 적금 계산기라 검색하고 그대로 입력하고 캡처해서 올린 것이다.

세금을 많이 떼서 저렇게 된 것인가 생각할 수도 있는데 이자 소득세 15.4%라고 나와 있다. 이 이자 소득세는 원금은 건드리지 않으면서 순수하게 이자에서만 15.4%만 징수한 다는 의미이다. 그럼 우리가 알고 있는 120만 원에서 15.4%를 뗀다고 했을 때도 100만 원은 이자가 생겨서 1300만 원은 나와야 하는 부분이다.

그런데 위 사진을 보면 세전 이자 65만 원, 이자과세 10만 원, 세후 수령액 1254만 원이다.

우리가 알고 있는 이자 120만 원이 아니라 절반 정도밖에 되지 않는 65만 원이 나왔다. 왜 절반 정도밖에 주지 않는 걸까? 10% 이자가 아닌 것인가? 은행이 고객을 상대로 거짓말을 하고 있는 것인가? 이것에 대

돈의 지배

해 이해할 필요가 있다.

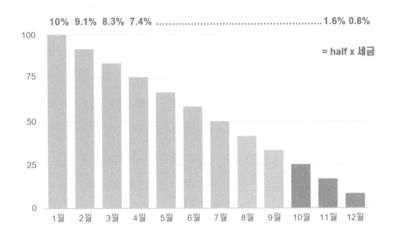

먼저 알아야 하는 것은 10% 이자를 주는 것에 대해 알아야 한다. 은행은 분명 10% 이자를 주었다. 그런데도 실질적으로 받는 이자가 절반 정도밖에 되지 않는 이유는 이 10% 이자를 주는 기준이 12개월 기준이기 때문이다.

**즉** 내가 처음 적금 계좌를 개설하고 첫 달에 넣은 100만 원에 대한 이자만 10%를 주는 것이고, 그다음 달에 넣은 100만 원은 10%에서 11개월로 나눈 기준이기 때문에 9.1%를 주는 것이다. 그 다음 달 100만 원은 10개월로, 9개월로, 8개월로 이렇게 나누다 보니 마지막 달 넣은 100만 원에 대한 이자는 10% 이자 지급 기준 12개월에서 1개월로 나눈 기준치인 0.8%만 지급이 되는 것이다.

개월 수로 나눠진 이자를 모두 합하게 되면 실 지급 기준인 10%에서

5.4% 정도만 지급이 되는 것이다. 편하게 절반 정도 이자가 지급되는 것이다.

이해가 잘 안 된다면 그냥 편하게 '실제 지급은 절반 깎여서 나오는구나!' 이해하면 편하다. 10%짜리 1년 적금은 실지급 5% 정도, 6%짜리 적금은? 3% 정도, 2%짜리 적금은? 1% 정도 나오는 기준이다.

지금이야 기준 금리가 높아져서 이렇게 6%짜리 적금이 나오는 거지, 과거 저금리 시절에는 2%, 1% 적금이었다.

적금으로는 돈을 모으겠다는 것은 단순하게 저축하겠다는 의미이지, 이자로 돈을 벌겠다고 생각하기 어렵다. 과거의 우리 부모님들 세대에서는 이자도 높았을뿐더러, 성실하게만 일하면서 열심히 저축만 해도 집 하나 구할 수 있는 세대였지만, 우리가 알아야 하는 것이 있다. 과거의 집값하고 지금의 집값은 엄연하게 다르다. 지금 단순하게 서울 아파트 하나 구하려면 약 10억은 잡아야 하는 부분인 건데, 100만 원씩 1년 적금 넣으면 1200만 원, 10년이면 1억 2천, 이자 붙어서 겨우 1억 3천 정도 될까 말까 한다. 지금이야 금리가 높아져서 서울 집값이 떨어진 추세이지만, 금리는 다시 내려가기 마련이다. 그러면 다시 집값은 높아질 것이고, 아무리 적금을 넣어도 서울 아파트 하나 구하는 것은 이번 생에 힘들다고 말하고 싶다.

과거의 데이터를 가지고 이게 좋다고 확정 짓지 말자. 시대의 흐름과 트렌드는 바뀌고 있다.

과거 멀리 있는 사람들과 소통을 나누기 위해선 편지를 써서 보냈었고, 어느새 전화기라는 것이 출시되어 사람들은 전화기를 이용하였고,

돈의 지배

삐삐가 출시되어 더 연락하기 편해졌으며, 휴대폰이 출시되었을 땐 혁신이라고 말하면서 많은 사람들이 이용하게 되었고, 스마트폰이 출시되었을 때는 사람들의 가슴에 감동이 일어나면서, 지금은 스마트폰 없이 살아갈 수 없는 세상이 되었다. 지금 사람들에게 소통을 하기 위해서 편지, 아니 삐삐, 그냥 구형 피처폰 쓰라고 돌아가라면 돌아가겠는가? 돌아가지 않는다.

이렇게 시대는 기술혁명에 의해서 더 좋은 것, 더 편한 것을 찾으면서 많은 것들이 바뀌었지만, 이 바뀐 시대에 맞게끔 변하지 않는 것이 있다. 은행 예·적금. 과거 부모님 삐삐 쓰던 시절부터 사람들은 은행에 예·적금을 넣었고, 핸드폰이라는 문명이 들어와도, 예·적금이고, 스마트폰이 출시되면서 의존하게 수많은 정보를 얻어도 예·적금이다. 사람들의 금융은 제자리 그대로이다.

우리는 유행을 참 좋아한다. 시대에 맞는 옷을 입거나, 스마트폰을 쓰면서, SNS를 즐긴다. 시대의 유행에 잘 맞춰서 사는 사람을 좋은 관점으로 보고, 과거의 유행에 따르는 사람은 덜떨어진 시선으로 쳐다보면서 무시하는 경향이 있다.

그렇다면 당신의 돈은 과거의 유행을 계속해서 하고 있다고 생각해 본 적이 없는가? 현명한 사람들은 과거의 유행에서 벗어나 시대의 흐름에 맞게 돈을 효과적으로 모을 것이고, 모르는 사람들은 과거의 데이터만 가지고 고집할 것이다. 마치 과거 유행했던 옷을 입고, 피처폰을 쓰는 것처럼.

그럼에도 불구하고 이렇게 말하는 사람들이 분명히 있다.

'내 주변 사람들은 다 적금하고 있어서 적금을 해야겠어요.'

그러면 당신 주변에서 다 적금 넣고 있는 사람들은 부자인가? 한 번이라도 이렇게 생각해 본 적이 있는가? 그렇게 적금 넣어서 부자가 되었는가? 물론 소득이 월 5천만 원씩 벌면서 4800만 원씩 적금을 넣는다면 부자가 될 수 있겠지만, 그런 사람들이 얼마나 있겠는가?

이런 생각을 하고 있다면 당신 주변, 환경들을 다시 한번 생각해 봐야 한다.

당신은 부자들이 가난한 사람들과 어울려 다닌다고 생각하는가? 부자들의 시간과 가난한 사람들의 시간이나 가치는 엄연히 다르다. 부자들이 괜히 가난한 사람들과 어울려 줄 이유나 상종할 가치조차 없는 사람들이다.

왜냐하면 부자들이 아무리 좋은 소리를 해 주면서 방법을 알려 줘도 가난한 사람들은

'지금 당장 여유가 없어요.'

'제 주변에는 다 이렇게 하고 있어요.'

이런 가난한 마인드와 핑계를 대고 있으니 어떤 부자가 가난한 사람들과 애기를 하고 싶겠는가. 적어도 가난한 사람이어도 마인드나 생각은 부자처럼 하고 있다면 부자들은 그 사람과 어울려 다닐 것이다.

그렇다고 지금 필자가 부자라는 소리는 아니다. 부자가 되기 위해서 환경을 바꾸고 있다. 필자 역시 20대 중후반까지 주변에 가난한 사람들이 많은 환경이었으며, 투자로 부자가 된 사람 하나 없이 남들 다 똑같이 하는 적금을 하고 있었다. 그중에는 당연히 부자는 한 명도 없었

다. 이런 부분에서 계속해서 가난해질 수밖에 없는 길을 걸었었다.

그런 와중에 부자가 되고 싶은 생각이 너무 들어서 부자가 되기 위해 무엇을 해야 하는가 찾아보았고, 그 시간에서 가장 중요한 것은 주변의 환경을 바꿔야 한다는 것을 깨달았다. 그래서 지금 부자 옆에 따라다니면서 부자의 마인드 환경 습관을 배우면서 자산을 만들어 가고 있는 것이다.

당신 주변이 적금만 하고 있어서 당신이 똑같이 적금을 한다면 한 번이라도 의심을 해 보아라. 그 적금을 넣고 있는 사람은 부자인지 아닌지 말이다.

# 은행이 돈을 버는 방식

그런 과거의 데이터에도 불구하고 여러분들이 은행을 추구하는 이유는 안다. 투자를 안 하려 하기 때문이다. 여러분들이 생각하는 투자는 어떤 것인지 사람마다 가치관과 생각이 다르겠지만, 대부분 생각하는 투자는 이렇다. 투자는 위험한 거다, 무서운 거다, 돈놀이하는 것이다. 이런 인식 때문에 돈은 피땀 흘려 버는 게 최고다, 노력하고 성실하게 살아서 돈을 열심히 은행에 모아야 한다. 이 모든 것은 과거 초등학교 시절부터 지금까지, 부모님이나 다른 주변 사람들에게 배웠을 것이다.

그래서 사람들은 투자를 무서워하고 안전하게 은행에 저축하는 것이다. 그럼 투자의 단어에 뜻은 무엇일까? 네이버 어학사전에 투자라고 단어를 치면 이렇게 나온다.

- 투자

: 이익을 얻기 위하여 어떤 일이나 사업에 자본을 대거나 시간이나 정성을 쏟음.

돈의 지배

내 돈으로 이익을 얻기 위해서 시간과 정성을 쏟는 일을 투자라고 한다. 그리고 우리는 은행에 저축한다고 말을 한다. 이번 주제는 이 은행의 저축과 투자라는 개념에 대해 잠깐 말하려고 한다.

일단 은행에게 우리는 저축한다, 돈을 맡긴다고 표현한다. 왜 맡긴다고 말할까? 일단 내 재산을 현금으로 다 보관하거나, 관리하기 어렵기 때문에 통장을 개설하고 통장에 넣어 두면서 맡겨 둔다. 그래서 우리는 자연스럽게 은행에 맡겨 둔다고 표현을 하는 것이고, 은행에 돈을 맡겨 두었을 때 이자도 나오면서, 예·적금으로 맡겨 두면 입출금 통장보다 더 높은 이자를 준다.

여기서 잠깐 왜 내 돈을 맡겼는데 이자를 주는지 의문점을 가져 본적이 있는가?
'우리 은행에 돈 맡겨 줘서 감사합니다. 여기 맡겨 준 대가로 이자 드릴게요.'
상식적으로 내 돈을 맡겨 주고 안전하게 보관해 주는데, 우리가 보관료를 줘도 모자랄 판에 우리에게 이자까지 준다고 하니. 얼마나 말도 안 되는 소리인가?
무슨 소리인지 잘 모르겠는가? 그럼 이게 얼마나 말도 안 되는 소리인지 주어를 살짝 바꿔서 예시를 드리겠다. 만약 당신에게 노트북이 있고, 이 노트북을 당신 친구에게 한 달 동안 맡겨 달라고 부탁한 다음 한 달 뒤 찾으러 갈 때 맡겨 준 친구에게

'내 노트북 한 달 동안 맡겨 놨으니까, 맡겨 준 대가로 이자 줘.'

이런 개념인데, 당신이 생각했을 때 어떤가? 말이 되는 소리인가? 납득이 되는가?

우리는 은행의 개념부터 파악해야 한다. 대부분 물어보면 은행이 내가 맡긴 돈으로 다른 사람에게 대출을 빌려줘서 돈을 벌어들이기 때문이라고만 생각한다.

물론 맞는 소리이지만 이게 표현이 잘못되었다. 우리는 은행에 돈을 맡긴 것이 아니라, 빌려준 것이다. 은행은 우리에게 입출금 통장, 예·적금 등 여러 가지 통장을 개설해서 돈을 맡겨 주고 그거에 대한 합당한 이자를 준다고 생각한다. 정말 방금 말한 노트북 맡겨 놓고 이자 내놓으라는 것과 별다를 바가 없는 말도 안 되는 창조 경제이다. 이런 부분 때문에 과거부터 은행을 신뢰했던 것인데, 이제 아까 노트북 얘기에서 단어 하나만 바꿔 보자.

'내 노트북 한 달 동안 너에게 빌려줬으니까, 대여료 줘.'

이러면 납득이 되지 않은가? 친구에게 빌려줬기 때문에 그것에 대한 합당한 대가를 대여료로 받는다면 누가 들어도 납득할 만한 내용이다.

그럼 은행도 우리가 넣은 돈을 맡긴다고 표현하는 것이 아니라, 은행이 우리에게 대출해 주는 것처럼 우리의 돈을 은행에다 빌려준다고 표현을 바꿔 보면 어떠한가? 그러면 납득이 되지 않은가?

은행이 우리에게 돈을 빌려주고 이자를 챙기는 것처럼, 은행 역시 우리의 돈을 빌려서 이자를 주는 것이다.

　　　　　　　　　　　　　　　　　　　돈의 지배

은행이 우리의 돈을 빌릴 때는 적금 계산기에서 6%라고 말하고 실제 지급은 3% 절반 정도만 주는 것처럼 굉장히 적인 이율로 돈을 빌린다.

그리고 적금이라는 시스템이 정말 재미있는 것은 1년 만기 채우지 않을 시 이자는 일절 지급되지 않는다. 11개월 적금을 넣었을 때, 정말 급한 일로 돈이 필요하게 되어서 이 적금을 해지하였다. 그러면 이자가 지급이 되는가? 이자 일절 한 푼 주지 않으면서 당신이 빌려준 11개월치 적금을 돌려준다.

반대로 은행에 기간 5년짜리 대출을 받았다고 해 보자. 빌린 첫날부터 이자를 우리는 내야 한다. 11개월 차까지 원금과 이자를 같이 내고 있다가, 갑자기 돈이 생겨서 이 돈을 한꺼번에 갚았다고 쳐 보자. 1년이 안 된 11개월 시점에, 그러면 당신이 지금까지 냈던 이자를 다시 돌려주던가? 우리는 은행의 돈을 11개월이란 돈을 쓰는 동안 그것에 대한 합당한 대여료를 지불하고 쓴 셈이다.

그럼 은행은 어떤가? 11개월에 해지해서 이자를 안 주고 원금만 주게 된다면, 당신의 돈을 아무 대가 없이 무이자로 빌린 셈 아닌가?

결론은 우리는 은행에 돈을 맡긴 것이 아니라 빌려준 것이다. 이 개념을 먼저 알고 있어야 한다. 은행은 우리의 돈을 빌려서 무엇을 하는 것일까? 아무것도 하지 않고 돈만 빌려주고 이자만 주면 결국 은행은 손해를 보는 것이지 않은가? 뭐 수익을 버는 방식은 대부분 잘 알 거라 믿는다. 다른 사람에게 더 높은 금리로 대출을 해 줘서 그 나오는 이자 차익만큼 돈을 번다.

단순히 그런 대출만 해 주는 것도 아니다. 은행은 여러 방면에서 투자를 한다. 결국 여러 사업체들은 사업을 하기 위해서 물건을 만들기 위해서 뭐가 필요하겠는가? 돈이 필요하다. 이 돈을 구하기 위해서 대출을 받고, 주식을 발행하고, 채권을 발행한다. 은행은 당연히 어느 정도 기업 신용 평가를 통해서 대출을 해 줄 것이고, 어느 정도 성장력, 경쟁력이 있다고 판단하면 주식도 투자하고, 채권도 투자를 할 것이고, 많은 이익을 창출해 낼 것이다. 그러면 이 돈은 다 누구의 돈으로 하는 것인가?

은행의 돈으로?

아니다. 여러분들이 빌려주신 예·적금 돈으로 이 모든 것을 해결해 나가는 것이다.

그럼 여기서 의문이 들 수 있다. 여러분들이 예·적금을 빌려줬는데 내 통장이나, 은행 앱을 통해 잔액을 보면 내가 넣은 만큼 항상 찍혀 있다. 은행이 내 돈을 빌려 가서 그런 식으로 투자를 하게 되면 당연히 내 돈이 다른 곳에 들어가 있으니 잔액으로 찍혀 있지 않아야 많은 말인 것이다.

내 돈이 다른 곳에 있는데 왜 이렇게 되는 것인가? 그 부분에서 대해서 간략하게 설명해 주겠다.

예를 들어 2천만 원을 예금으로 빌려줬다 해 보자. 그럼 은행은 법적으로 정해진 최소한의 비율만을 현금으로 보유하고 있고, 남은 돈들은 이동시킬 수 있다. 이게 바로 지급준비율이라고 한다. 현 시점 예금에 대해 7% 정도가 지급준비율이며 남은 93% 돈은 남에게 빌려주거나, 주식 혹은 채권에 운영되고 있을 테니 말이다.

돈의 지배

그러니 계산하기 편하게 지급준비율이 10%라고 쳐 보자. 내가 맡긴 은행의 예금은 2천만 원, 그 중에 200만 원은 남겨두고 1800만 원은 다른 곳으로 이동되어 있는 것이다.

여기서 은행만이 가지고 있는 이점이 나오는 것이다. 여러분들이 빌려준 예·적금들은 분명 다른 사람에게 대출해 주거나, 투자금에 들어가 있는 중인 건 사실이다. 그런데도 여러분들의 통장 잔고나, 앱에 찍혀 있는 잔고가 그대로인 것은, 단순히 숫자이기 때문이다. 당신이 예·적금을 깬다고 해서 현금으로 모두 인출하는가? 현금으로 많은 돈을 인출하지 않는다. 그 돈은 그대로 은행에 남아 있으며 돈을 쓰려고 해도 이체를 통해 돈을 쓰지, 현금으로 쓰지 않는다.

당신의 돈은 움직이는 것은 사실이지만, 앱이나 통장은 현물이 아니라 단순히 시스템이며 숫자이다. 그냥 그대로 적혀 있는 것뿐이다.

결론은 우리는 은행에 돈을 맡겨 놓고 있는 것인가? 빌려주고 있는 것인가? 빌려주고 있는 것이다. 그러면 처음에 말했던 투자에 대해서 다시 한번 말하겠다.

아까 투자란 단어의 의미가 기억나는가?

이익을 얻기 위하여 어떤 일이나 사업에 자본을 대거나
시간이나 정성을 쏟음.

당신은 투자가 무섭다고 은행에 넣어 두고 있다. 실상 은행은 무엇을 하고 있는가? 은행은 당신이 빌려준 돈으로 투자를 하고, 그게 수익이

10%든, 20%든, 50%든, 당신에게는 거의 3~4% 이자만 주게 된다. 이 모든 게 누구 돈으로? 당신이 빌려준 돈으로 투자되는 것이다.

지금까지 당신은 은행에게 돈을 빌려주고 있다고 말했었는데, 당신의 돈은 결국 투자되고 있는 셈이지 않은가?

그럼 당신은 지금 은행에게 돈을 맡겨 두고 있는가? 은행에 투자하고 있는가?

결국 은행에게 투자하고 있는 꼴 아닌가? 내가 투자를 할 줄 모르니까, 은행이 당신 대신에 투자를 해 주고, 당신의 돈을 빌릴 때마다 더 큰돈을 벌어들인 후 쥐꼬리만 한 이자를 챙겨 주면서 말이다.

당신이 예·적금을 빌려주면 빌려줄수록 은행은 운영할 수 있는 현금 흐름이 좋아지고 운영할 수 있는 돈들이 더 많아지기 때문에 은행의 재산은 더욱 늘어나게 된다. 그래서 당신에게 '저희 은행을 이용해 주셔서 감사합니다.' 이렇게 말하는 것이다.

전 페이지에 있었던 레버리지와 신용에 대해 기억하는가? 부자들은 레버리지를 일으켜서 대출을 받으면 대출을 받는 순간 자산을 만드는 데 집중한다고 얘기했었다. 그 과정을 만들기 위해서 신용을 만들어야 한다고 말했다.

딱 은행이 그렇지 않은가? 수많은 사람들을 예·적금이란 시스템을 이용해서 레버리지 대출을 일으키고 그 대출을 일으키는 순간 은행들 자산을 만든다. 그리고 사람들 인식 안에서 은행은 정말 안전한 곳이라는 신용을 가지고 있다.

은행은 철저하게 당신의 돈을 지배하는 곳이다. 이 시스템을 인지하고 인정해야 한다.

　당신은 은행에게, 돈에게 지배당하는 사람이 될 것인가? 아니면 돈을 지배하는 사람이 될 것인가?

# 은행의 리스크

우리가 자산을 만들어 가는 과정에서, 솔직하게 말하자면 은행으로는 자산을 불리기 굉장히 어렵다고 본다. 본인의 노동 소득이 많고 허리띠 꽉 졸라매고, 아껴 쓰면서 돈을 모으지 않는 이상 어렵다고 말씀드리겠다. 그래도 본인이 안전하다고 느껴서 은행이 제일 좋다는 생각이 든다면, 한 케이스에 대해 얘기해 주겠다. 최근 2023년 3월 미국 실리콘밸리 은행이 뱅크런 사태에 파산하는 일이 벌어지고 말았다. 3월에 굉장히 큰 이슈였다. 은행이 망하는 바람에 사람들의 돈이 날아가는 사태는 다행히도 미국 정부에서 전액 보장해 주겠다고 얘기를 해 주어서 안전하게 지켜지게 되었지만, 만약 은행들이 줄줄이 파산하게 되었다면 이 모든 금액을 보호해 줄 수 있을지 의문이다.

물론 대한민국에도 예금자보호법이 있어서 5천만 원까지 보호해 준다고 하지만, 예금자 보호는 혹시 어디서 해 주는 걸로 알고 있는가? 대한민국 국가에서 해 주는 걸로 알고 있는가?

아니다.

돈의 지배

국가에서 직접 보호해 주는 것이 아니라 예금보험공사라고 해서 금융공기업에서 해 주는 것이지 국가에서 직접 보호해 주는 것이 아니다. 각 은행은 예금보호공사에 보험료를 지불해서 가입하는 것이고, 그 과정에서 5천만 원까지 보호해 주는 것으로 계약하게 된다. 은행이 파산하였을 때, 예금보험공사가 그동안 각 은행들에게 받은 보험료를 모아서 고객들에게 보험금을 지급하는 방식이다.

일단 대형 은행이 파산하였을 때 예금보험공사에서 나의 돈만 지켜주는 게 아니라 이 은행을 이용했던 모든 고객들을 보호해 줘야 할 것 아닌가?

그게 10만 명이면 5조, 100만 명이면 50조, 1000만 명이면 500조이다. 물론 그 모든 사람이 은행에 5천만 원씩은 들고 있진 않을 테지만 단순 계산 했을 때 얘기다. 대한민국 대형 은행이 파산하였을 때 얼마나 보험금을 줘야 할지는 모르겠지만, 그 수가 어마어마하다면 예금보험공사도 엄연히 지불할 돈이 있어야 예금자보험금을 지급해 주는 것이기 때문에 없다면 꽤 난감한 상황이 벌어진다.

만약 예금보험공사에서 지급해야 할 보험금이 생각보다 많아서 전액을 지불하지 못하는 상황이 벌어졌을 땐 어떻게 되겠는가? 물론 지급은 해 드린다. 시간이 걸릴 뿐이다.

**■. 법에 의해 운영되는 공적보험**

또한, 예금보험은 예금자를 보호하기 위한 목적으로 법에 의해 운영되는 공적보험이기 때문에 예금을 대신 지급할 재원이 금융회사가 납부한 예금보험료만으로도 부족할 경우에는 예금보험공사가 직접 채권(예금보험기금채권)을 발행하는 등의 방법을 통해 재원을 조성하게 됩니다.

〈출처: 예금보험공사 홈페이지〉

여기에 보면 적혀 있다. 예금 보험료만으로 부족할 경우 직접 채권을 발행하는 방법으로 재원을 조성해서 지급되는 식으로 말이다. 이거는 돈이 부족할 경우, 5천만 원을 지급하긴 하지만, 채권을 발행해서라도 지급한다는 것은, 기간이 걸린다는 경우고, 당장에 5천만 원을 지급해 주는 것이 아니라, 몇 년에 걸쳐서 지급받을 수도 있다는 것이다. 물론 밀린 만큼 이자를 주는 것일까? 아니다. 이자는 하나도 챙겨 주지 않는다. 지급이 밀리게 된다면 얼마나 밀릴지는 아무도 모르지만, 10년 뒤에 받는다면 현재의 5천만 원 하고 10년 뒤의 5천만 원의 가치는 엄연히 다를 것이다.

(물론 5천만 원 중 2천만 원까지는 신속하게 지급하는 선지급 제도가 있다.)

만약에 하나의 대형 은행이 파산한 상태에서 보험금 지급하는 와중에 재원이 다 떨어져서 채권을 발행해 재원을 만들어 가는 과정 안에서, 다른 은행까지 파산했다고 친다면, 이 은행에 지급해야 할 보험금은 지급이 제대로 될 수는 있는 것일까?

예금자 보호라고 해서 나오기는 하겠지만, 즉시 나오는 것이 아니게 될 수도 있다. 우리는 최악의 사태를 알고 있어야 한다.

물론 '설마 이런 사태까지 벌어지겠어.' 생각하겠지만, 경제적 위기가 다가오지 않으라는 법은 없다. 우리는 1997년 IMF를 겪었고, 2008년 미국 최대 은행 중 하나인 리먼 브라더스 은행이 파산하였고, 2023년에는 미국 실리콘밸리 은행과 스위스 은행인 크레디트 스위스가 파산한 사태가 벌어졌었다. 두 은행의 규모도 동네 구멍가게 같은 어설픈

돈의 지배

은행이 아니라 대한민국 어떤 메이저 은행들은 비교할 수조차 없는 은행들이 파산하였다.

무른 그렇다고 지금 당장 대한민국 은행이 망한다고 얘기하는 것은 아니지만, 우리는 항상 리스크를 알고는 있어야 한다.

본론은 은행이라고 무조건 안전하다는 것이 아니라는 말이다. 세상 사는 모든 것에 리스크라는 것이 존재하다. 우리가 당장 살아가는 와중에 우연한 사고가 발생하지 않을 거라고 확정 짓는 사람들은 없을 것이다. 하지만 리스크는 대비할 수 있다.

아직도 당신은 은행이 무조건 안전하면서, 자산을 늘리는 데 최고의 방법이라 생각하는가?

3장

투자란?

# 투자의 개념 1

결국 자산을 만들고 부자가 되기 위한 길에서 투자는 고민하면서 선택해야 하는 사항이 아닌, 필수라고 생각한다. 많은 사람들이 투자에 대해 어떻게 생각하는지 각자 다르겠지만, 보통 주식이나 코인, 부동산을 많이 생각한다.

여러분들은 지금 일하는 목적이 무엇인가? 당연히 돈을 벌려고 하는 목적이겠다. 그럼 누굴 위해서 돈을 버는 것인가? 당연히 나를 위해서 내 생존을 위해서 돈을 버는 것이다. 주관적인 관점에서 봤을 때 우리들은 우리 스스로 생존하기 위해서 벌어들이고 있는 건 누구도 부정할 수 없는 사실이다.

그런데 실상은 다르다. 객관적인 관점에서 바라보면 당신은 결국 당신을 위해서 일하는 것이 아니다. 그럼 누구를 위해서 일하는 걸까? 당신은 결국 투자자들을 위해서 일하는 것이다. 자본주의는 철저하게 투자자들 위주로 흘러가게 되어 있다. 그 과정과 개념부터 말하려고 한다.

일단 투자에 대한 개념부터 말하겠다.

혹시 평소에 이런 생각해 본 적 없는가?

'누가 나 대신 일 좀 해 주고 월급은 나한테 줬으면 좋겠다.'

필자는 과거 20대 시절 이런 생각을 굉장히 많이 했다. 주관적으로 필자의 생각은 나 대신 일을 하는 것을 투자라고 생각한다. 그리고 지금 우리가 살고 있는 시대는 자본주의 시대지 않은가? 자본주의에 흐름부터 이해를 하자면, 자본주의는 철저하게 투자자들 위주로 흘러가게 되어 있다. 왜 그런지 이해하기 쉽게 설명하겠다.

당신이 만약 정말 기가 막힌 사업 아이디어가 떠올랐다. 이 아이템이 있으면 무조건 사업이 잘될 것 같은 느낌이 들어 아이템을 개발하고 성공했다 쳐 보자. 이걸로 사업을 하면 무조건적으로 잘될 텐데, 문제가 생겼다. 사업을 하려면 가장 필요한 것이 무엇인가? 바로 돈이다.

그럼 이 돈을 구하기 위해서 은행을 가겠지만, 원하는 만큼 돈을 빌려주지 않는다고 한다. 원하는 만큼 자금을 구하기 위해서 투자자들을 모집하기 위해 사업 설명회 PPT 발표를 하지 않겠는가?

그렇게 많은 사람들 앞에서 사업 설명을 하고 사람들의 마음을 얻어 이 사업에 동참하고자 지갑을 열어 투자를 한다. 그리고 이 사업의 이익을 나눠 주면서 간접적으로 사업과 경영에 참여할 수 있는 권한을 줄 수 있는 주식을 발행한다.

그렇게 자금이 생겨 혼자 사업을 진행해 본다. 역시 내 생각대로 사업이 잘되고 수익이 꽤 많이 나오게 되었다. 그 수익으로 내 사업에 투자한 사람들에게 이익을 나눠 준다. 이렇게 사업을 하다 보니 투자자들에게 수익을 배분해 주고도, 약 1억 정도 벌어들이는 것 같다. 그런데 문제가 생겼다. 사업이 너무 잘되다 보니 돈을 더 벌어들이고 싶은데 여기서 더 벌어들일 수가 없다.

왜 그럴까?

엄연히 시간이라는 것은 한정되어 있고, 그 시간 안에서 나 혼자 일을 해서 벌어들이는 양은 내가 아무리 숙련자라 해도 무한정으로 벌어들일 수는 없는 노릇이기 때문이다.

그래서 이 일을 대신해 줄 사람들이 필요하다. 그렇게 직원들을 뽑기 위해 공고를 올리고 지원자들의 서류를 검토하고 면접을 본다. 지금 필요한 직원들이 약 3명 정도 필요하다 쳐 보자. 많은 사람들이 면접을 보고 스스로 판단했을 때 이 사람이면 나 대신 일을 잘 처리해 줄 수 있다고 생각이 든다. 그렇게 연봉 협상을 하며 직원을 채용한다.

이 직원들 연봉을 3000만 원으로 책정해서 협상을 하고 고용을 하고 일을 시킨다. 직원들을 고용시킨 만큼 나 혼자 일을 했을 때보다 수익이 더 많이 증가된다. 거기서 벌어들이는 돈들로 직원들에게 급여를 주면서 나는 직원들 관리를 한다.

이 직원들이 일을 해 준 덕분에 나 혼자 했을 때보다 회사에서 벌어들이는 수익이 더 많이 증가가 됐다. 연봉은 3000만 원을 주지만, 실상 이 한 명의 직원이 일을 했을 때 벌어들이는 수익은 1억 정도 된다. 그럼 회사에 7000만 원이라는 이득이 발생된다.

이렇게 누가 나 대신 일을 해 주고, 급여는 내가 챙기는 셈이 되었다. 나 혼자 일을 했을 때는 1억 정도 수익을 벌어들였다면, 직원 3명을 고용하면서 관리만 했을 뿐인데, 이제는 2억 이상의 돈을 벌어들인다. 희한하다. 내가 한 일은 이 3명에게 시키면서 관리만 했을 뿐인데.

이 너무 사업이 잘되다 보니, 직원 3명으로 한계가 생겼다. 더 돈을 벌려고 하지만 3명으로 벌어들일 수 있는 양이 엄연히 한정되어 있다. 그러면 어떻게 하는가? 직원을 더 뽑아야겠다. 이번에는 사업 범위를 더 넓히기 위해서 10명의 직원을 더 뽑는다.

그런데 한 명 한 명 이 모든 직원들을 나 혼자 관리하기가 좀 애매하다. 처음에 온 직원 3명을 진급시켜 주고, 연봉을 더 올려 준 뒤 새로 들어온 10명을 관리하게 만든다. 대표인 나는 처음 들어온 3명만 관리하고, 이 3명은 새로 들어온 10명을 3명이서 4명으로 나눠서 관리하게끔 만든다. 그렇게 회사의 직원은 13명이 되었고 사업의 규모는 더욱 커져 벌어들이는 이득이 많아지게 되었다. 새로 들어온 직원들의 연봉을 3000만 원 잡고 돈을 벌어들인다. 물론 이 직원에게 지급하는 급여는 3000만 원이지만, 이 직원이 일함으로써 벌어들이는 수익은 1억 정도 된다. 과거 3명이었을 당시 회사에 이윤이 한 명당 7000만 원으로 3명이었으니 2억 1천만 원이었으면, 지금은 직원이 13명이다. 처음 들어온 사람 3명의 연봉 협상과 관리 부분으로 빠진 부분과, 새로 들어온 사람 10명을 합치니 내 수익이 약 2억 원에서 5억 원으로 증가된다.

또 사업이 잘된다. 100명을 뽑는다. 10명에게 관리를 시키고 돈을 벌어들인다. 그렇게 5억 원에서 20억 원으로 늘어나고, 또 잘되면 더 뽑고 회사의 수익이 늘어난다.

그럼 이 과정에서 대표인 나는 앞으로 사업을 어떻게 할지 방향성을

정하고 처음 들어온 3명만 관리를 하고, 규모는 계속 커 가는 시스템
이다.

처음에 나 혼자 해서 벌어들이는 금액과, 규모가 커지면서 벌어들이
는 금액의 차이는 감히 비교할 수가 없을 정도로 늘어났을 것이다.

그럼 여기서 알아보자. 사회 초년생이 회사에 첫 입사를 하게 되면
일반 사원으로 들어오지 않겠는가? 그렇게 취직이 되었을 때 이 사원
은 누구를 위해 일을 한다고 생각하겠는가? 당연히 본인의 생존을 위
해 일을 한다고 생각하지 않겠는가? 이 구조를 바라보자.

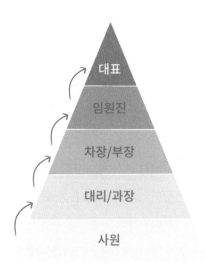

자본주의의 실상은 결국 피라미드 구조이다. 처음 사회에 들어와 먹
고살려고 생존을 위해 막 시작한 사회 초년생들이 사원으로 들어와서
생존을 한다. 본인은 당연하게도 생존을 위해서 일을 하는 것이지만,

돈의 지배

객관적인 관점으로 보게 된다면 사원은 그 위에 있는 대리 혹은 과장을 위해서 일을 대신하는 것이고, 대리나 과장은 그 위에 있는 차장 혹은 부장을 위해 일을 대신하는 것이고, 차장과 부장은 위에 임원진들을 위해 대신 일을 하는 것이다. 그리고 임원진들은 회사의 대표를 위해 대신 일하는 꼴이 된다.

모든 회사들은 이런 피라미드 구조 안에서 각자 본인마다 생존을 위해서 일을 하는 것이겠지만, 실상은 누군가를 위해 대신해서 일을 하는 셈이다.

이렇게 대표인 나는 나 대신 일을 할 사람들을 찾아내고, 성장시키면서 돈을 더 많이 벌게 된다.

과거 군대 전역하고 20대 중반 때 돈을 벌기 위해서 조선소에 근무한 적이 있었다. 그때 당시 6시 퇴근에 하루 일당 10만 원 정도였으며, 저녁 먹고 3시간 더 잔업을 하면 15만 원을 주었고, 24시간 철야 근무를 하면 30만 원 일당이 나왔었다.

그때 필자는 철야 근무는 딱 한 번만 해 보았었는데, 같이 기숙사 생활하던 룸메이트는 일주일에 3번씩은 철야 근무를 했었다. 그래서 "돈 많이 버시겠어요."라고 말했었을 때 그분이 말했던 말이 기억난다.

'내가 돈 버냐? 사장이 돈을 벌지.'

당시에 이 말에 의미가 잘 이해가 되지 않는데 지금 관점에서 보면 충분히 이해가 된다. 근로자가 일을 많이 하면 할수록 회사가 돈을 버는 구조다. 본인 스스로 돈을 많이 벌기 위해서, 아니면 어쩔 수 없이 일하는 경우 등 있겠지만, 결국 이런 자본주의 피라미드 구조에서는 근로자가 일을 많이 하면 할수록 회사가 돈을 버는 것이다. 그 구조 안에서 사장이 할 일들을 사장은 집에서 자고 있을 때, 근로자들이 24시간 잠을 안 자면서 대신해 주고 대가를 받는데 결국 돈은 사장이 더 많이 벌어들이고 있다.

이런 부분들이 축적되고 규모가 커지면 커질수록 피라미드 윗사람이 돈을 더 많이 벌어 가는 구조다. 이것이 중요하다.

그럼 여기서 누가 돈을 제일 이득을 많이 보았을까?

당연히 대표라고 생각이 들지 않는가?

사실은 대표도 누군가를 대신해서 이런 시스템을 만들고 회사의 규모를 키운 것이다. 그럼 대표는 누구를 위해서 이렇게 만든 것인가?

투자자들.

처음에 대표가 사업을 시작하려 필요한 자금을 구하기 위해 투자한 투자자들을 위해 이렇게 일을 한 것이다. 각각 투자한 금액의 액수마다 다르겠지만, 초기에 이 회사 자금에 대부분을 투자한 사람들은 어마어마한 이득을 벌어들였을 것이다.

근로자들 중 생각 있는 사람들은 사장을 위해 일한다고 생각하겠지만, 사장도 결국 이 회사에 투자한 투자자들을 위해 일하는 꼴이다. 피라미드 위에 이 피라미드를 지배하는 하늘 같은 것이 바로 투자자다.

결국 이 모든 구조는 처음 이 회사를 설립할 수 있게끔 도와준 투자자들을 위해 일을 하고 회사가 성장하는 것이다.

왜냐하면 이 회사가 성장하면서 가장 큰 이득을 보는 사람은 투자자

돈의 지배

이기 때문이다. 왜 그럴까? 투자자는 자기의 돈만 이 회사에 기여했을 뿐. 이 회사를 위해 일을 한 것이 있을까? 경영에 참여할 수 있는 영향력이 있어서 참여한 사람도 있겠지만, 결국 이 회사가 성장하기 위해서 가장 기여를 많이 한 사람은 엄연히 대표며, 임원진이며, 차장, 부장, 대리, 과장, 사원들이다.

투자자는 가만히 앉아서 자기의 돈으로 만들어진 회사가 성장하는

것을 지켜보게 된다. 그 과정에서 이 회사를 위해 자본만 기여하고, 영향력으로 경영에 참여할지라도, 결국 이 투자자들이 스스로 이 회사를 위해 노동을 하진 않는다.

그리고 회사가 성장하고 그 가치가 점점 커지면 커질수록 초기에 투자한 금액에 10배, 100배 이상의 수익을 벌어들이는 와중에, 회사에서 벌어들이는 수익을 배당으로 또 벌어들인다. 결국 이 회사의 성장은 이 투자자들을 위해 성장하는 것이고, 모두들 대표를 위해 회사를 위해 일을 한다고 생각하지만, 실상은 회사 위에 있는 투자자들을 위해 일을 하는 것이다.

사회에 들어와서 일을 하는 사람들의 시야가 좁은 사람들은 당장 나에게 일을 시킨 상사를 대신해서 일을 한다고 생각할 것이고, 조금 더 시야가 넓은 사람들은 사장을 위해 일을 한다고 생각을 한다.

근데 정작 본인들은 모른다. 결국 본인들은 투자자들을 위해 일을 한다는 것을. 피라미드 끝에 있는 사장보다 위에 투자자는 하늘에 있다. 결국 투자자는 본인이 직접 일을 하지 않고 자기 대신 일을 할 사람을 자기 돈으로 만들어 내고, 회사가 일을 잘하고 있나 보면서 돈을 벌어들인다.

물론 이 과정까지 오는데 꽤 오랜 시간이 걸릴 것이다. 그래서 투자는 시간과 공을 들여서 내 자본으로 이익을 추구하는 것이다.

투자를 하고 안 하고는 선택이겠지만, 부자가 되기 위한 과정에서는 필수이다. 당신이 투자를 안 하겠다고 고집하는 것은 결국 가난의 길을 걸어가겠다는 것이고, 이것은 자식들까지 가난해지겠다고 하는 말이랑 똑같다.

왜 자식까지?

생각해 보아라. 우리는 부모님 밑에 크면서 부모님 사상에 맞게끔 사회를 경험하고 공부를 한다. 1970~1980년대 부모님 세대는 열심히, 성실히 일을 하면서 돈을 벌어 왔고, 그 과정 안에서 열심히 저축하면서 집도 사고, 가정을 이루어 냈다. 그래서 부모님들은 돈이라는 것은 엄연히 내가 일하는 만큼 벌어들인 성실하고 정직한 것이라고 생각한다.

그런 과정을 거쳐 왔기 때문에 훗날 자식에게 사회에서 자신이 먼저 사회의 길을 걸었던 인생의 선배이자 조언자로서, 자식에게 조언을 해 준다. 성실함, 노력, 피땀 흘려 돈을 버는 것이 최고라는 것을. 물론 이런 방법들이나 조언들이 잘못되었다는 것이 아니다. 우리 부모님 세대는 정말 어려운 환경 속에서도 열심히 일하면서 살아남으셨고, 누구나 성실하게 저축만 하더라도 충분히 남부럽지 않은 안정적인 가정을 만드는 것도 사실이었다. 그러나 엄청난 부를 이루는 것은 아니었고, 시대가 바뀌어 가는 과정 안에서 적용되지 않는 과거의 방법일 뿐이다.

과거 부모님이 살았던 1988년도 기준으로 예시를 들자면, 서울 아파트 가격과 지금의 서울 아파트 가격 상승 차이를 대치동 은마아파트로 예시를 들자면 1988년도 5000만 원 하던 은마아파트 근 2024년 4월 기준으로 22억 원으로 약 44배 상승했다. 근데 놀라운 것은 22억 원도 지금 현재 떨어진 가격이고 2022년만 하더라도 27억 원 했었다. 최고점 기준으로 하면 54배 상승했고, 평균 급여 상승 기준으로 따진다면 1988년도에서 2024년 기준 약 23배 상승하였다.

아파트 가격이 상승한 것처럼 우리의 급여도 과거에 비해서 100배, 150배 오르면서도 은행 이자도 그대로라면, 가능하겠지만, 우리의 급여는 과거에 비해 아쉽게도 오르긴 올랐지만 많이 물가와 비교했을 때 오히려 줄어들었으며, 은행 이자는 훨씬 더 줄어든 상황이다.

결론을 말하자면, 살아가면서 지속적인 물가 상승 인플레이션을 받아들이는 상황 속에서 우리가 받는 급여는 물가에 맞게끔 올라가지 않는 상황이고, 단순 적금으로 돈을 모아 집을 사겠다는 것은 과거에 비해서 너무 어려운 상황이다.

이런 상황 속에서 과거의 방식을 그대로 적용하는 것은 앞으로는 계속 부자가 되지 않겠다고 선언하는 것이고, 과거보다 상황이 돈을 모으기 어려운 시대 안에서는 가난으로 가는 길밖에 더 되지 않는다. 그래도 성실하고 노력해야 하는 부분은 우리가 평생 가져가야 하는 부분은 앞으로도 계속 가져가야 하는 부분이 맞다.

그럼에도, 과거의 방식을 고집하는 것은 스마트폰 시대에 나는 피처폰, 삐삐를 쓰면서 '따라가지 않겠다,'라고 말하는 것과 다름없는 방식에서 뒤처지는 것이고, 부자가 되지 않겠다고 말하는 것이며, 가난으로 가는 길이며, '자식까지도 가난을 대물림하겠다.'와 다름없다.

부모는 자신의 방법을 그대로 자식에게 전달하여서 평생 노동으로 일해서 돈을 벌어야 하는 방식을 알려 줄 것이고, 자식은 평생 일만 하면서 지속적으로 바뀌고 있는 트렌드를 따라가지 못하고, 더욱 가난해질 것이다.

그럼 투자자들의 삶은 어떻게 될까? 여유로운 삶을 즐기면서 오늘도 내 자산이 잘 일하고 있는가 한번 보면서, 심심할 때, 고급 외제차를 타고 드라이빙을 즐기면서, 저녁엔 고급 와인을 마시면서 잠에 들 것이다. 이렇게 하루를 일도 안 하고 여유롭게 시간을 보내면서도, 투자자들의 자산은 근로자들이 벌어들이는 급여보다 수십 배, 수백 배 더 빨리 늘어날 것이다.

이런 투자자들의 자식들은 어떤 방식으로 자기 자식들에게 '일해서, 피땀 흘려서 버는 돈이 소중하고 최고인 것이다.'라는 방식으로 가르칠 것 같은가? 돈으로 돈을 벌어들이는 방식을 가르칠 것 같은가?

그럼 근로자와 투자자의 자산의 계속해서 벌어질 것이고, 그 자식들 세대까지 더욱 더 크게 벌어지면서 이 갭 차이는 죽었다 깨어나도 줄어들지 않을 것이다.

당신은 투자자가 되기 위해 자산을 형성하고 자산을 만들어 갈 것인가? 아니면 평생 노동만 할 것인가?

벌어들이는 돈을 많이 못 벌어도 괜찮다. 지금이라도 자산을 형성하고 싶다면 돈과 투자에 관심을 가지고, 소비를 줄여서 어떻게든 자산을 만들게 된다면 10년 뒤에는 지금 본인이 벌어들이는 월급보다 내 자산으로 벌어들이는 것이 더 많아질 것이다. 그렇게 필자는 자산을 만들어 가는 과정을 가지고 있고, 여러 고객들의 자산을 디자인해 주면서 만들어주고 있다.

당신은 어떻게 하고 싶은가? 이 글을 읽고도 받아들이는 것이 없다면 괜찮다. 가난으로 가는 길은 그 누구도 말리지 않는다.

# 투자의 개념 2

그럼 우리가 흔히 접할 수 있는 투자에 대해 말하려고 한다. 투자를 하면 크게 부동산, 주식, 코인, 채권 등 여러 가지가 있다.

흔히 쉽게 접근할 수 있는 주식으로 예를 들어 보자.

만약 당신이 지금 주식을 안 하고 있다면, 주식 투자를 시작하게 된다면 어느 정도의 수익을 원하는가?

대부분 단기간에 어마어마한 수익을 원한다. 1년 동안 주식 수익률을 3배, 10배 바라보는 사람들도 굉장히 많다.

만약 주식시장에 들어가려 한다면, 당신은 주식을 어떤 관점으로 바라봐야 하는지부터 마음가짐을 잡아야 한다.

먼저 당신에게 스스로에게 질문을 던져 봐야 한다.

주식 투자를 하려 하는 것인가, 주식 투기를 하는 것인가?

수많은 사람들은 본인이 주식 투자를 한다면서 투기를 한다. 왜? 높

돈의 지배

은 수익을 원하기 때문이다. 주식을 처음 접해서 급성장할 주식들을 찾아보면서 어떤 주식인지 잘 모르고, 대충 차트 보면서 이게 올라가지 않을까 싶은 마음으로 주식을 구매한다.

그렇게 주식시장에 들어가 매일매일 내가 산 주식 올랐나 떨어졌나 보면서, 내일 당장 상한가 찍을 것 같은 숨겨져 있는 주식들을 아무런 근거 없는 커뮤니티나 블로그를 찾아보면서 구매하고 대박이 터지길 바라고 설레는 마음으로 지내다, 갑자기 상한가를 찍으면, '역시 나는 주식을 잘해. 돈 벌기 쉽네.'라는 생각에 빠지고, 대박이 터질 것 같은 주식들만 찾아보다 떨어지면 '투자는 역시 위험한 거야.'

당신이 보았을 때 이것은 투자가 맞는 것인가?

시간과 공을 들이는 것이 투자다. 내 돈이 짧은 시간 안에 큰돈을 벌길 바라는 것은 엄연히 사전적 의미에 투자와 다른 것이며, 이것은 엄연히 투기이다.

그럼 투기의 사전적 의미는 무엇일까?

- 투기
: 기회를 틈타 큰 이익을 보려고 함. 또는 그 일.

네이버에 투기를 검색했을 때 나오는 사전적 의미이다.

단기간 기회를 보고 그 틈을 타서 대박만 노리는 것은, 투자가 아니라 투기이다. 대부분의 사람들은 투자라는 것을 공부하는 과정 안에서 내 돈이 단기간에 급성장하길 바란다. 그렇게 돼 가는 이유는 SNS나 블로그에 주식으로 돈을 많이 버는 방법이나 사례들을 바라보면서 그 사람들처럼 대박 나고 싶은 마음이 앞서나가기 때문이다. 할 줄은 모르다 보니 본인 스스로 아무런 근거 없이 주식을 사다 하락을 제대로 맞아서 '투자는 위험한 거야, 무서운 거야, 열심히 일하는 것이 최고야.'라고 생각할 수도 있다.

일단 여러분이 원하는 주식 투자 수익률이 어느 정도인지를 파악해야 한다. 얼마를 원하는가?

주식을 해 보지 않고 꿈만 바라보는 사람들은 10배 이상 수익률에 현혹될 수도 있다. 요즘 SNS나 투자 자문업체 홍보 글만 보더라도 수익 10배 인증 이런 글들로 광고를 하다 보니 말이다.

혹시 전 세계에서 주식으로 가장 성공한 사람 딱 한 사람만 떠올린다면 누구를 떠올리는가? 사람마다 다르겠지만, 대부분 워런 버핏을 떠올릴 것이다.

그럼 워런 버핏의 연평균 수익률이 어느 정도 되는지 아는가? 연평균 20% 정도 된다.

연평균 20% 수익이 난다면 정말 많이 나오는 수준이라는 것을 직시하고 있어야 한다. 여러분이 1년 10배 이상 수익을 원하는 것은 엄연히 투기이다. 괜히 10배 이상을 노려서 주식 단타로 노렸다가, 손해만 보면서 '주식은 위험한 거야.'라고 말할 수 있다.

물론 모두가 이렇다는 것은 아니고 몇몇 사람들이 이런 성향이나 과정을 거쳤을 수도 있다. 이 책을 읽으면서 해당되지 않는 사람들이 더 많을 것이다. 일단 당신이 주식을 하고 있는 과정 안에서, 이런 마음으로 접근한다면 주식을 추천드리고 싶지 않다. 큰돈을 벌 수도 있겠지만 내 자본을 날릴 확률이 더 클 것이다.

일단 필자가 생각하는 주식 투자의 마인드는 워런 버핏의 마인드와 비슷하다. 워런 버핏이 주식 투자의 기본 중에 기본은 가치 투자이다.

가치 투자란, 기업의 수리, 법정 상태, 방치 등을 분석하여 기업의 내재적 가치를 파악하고, 현재 시장에서 거래되고 있는 지표보다 저평가된 기업을 회수하여 장기적으로 이익을 창출하는 투자 방법이다.

가치 투자는 주로 투자자들이 기업의 계약 제표, 사업보고서, 경제지표 등을 분석하여 기업의 가치를 평가하고, 그 가치를 지속적으로 유지하는 가격으로 주식을 얻게 된다. 이렇게 저평가된 주식을 장기간 보유하여 기업의 내재적 가치가 시장에서 인지되고 있음이 증가할 때 매도되어 수익을 얻는 것이다.

그냥 쉽게 말해서 저평가된 가치를 가진 기업들을 찾아서 투자하고 이익을 얻는 것이 가치 투자이다. 사실 저렇게 기업을 분석하고 재무제표 확인하면서 매출은 어떤지, 기업 실적이 어떻게 나왔는지 찾아보기는 일반인이 봤을 때 어려운 부분이 있다.

전자 공시실에 직접 찾아가서 이 기업이 어떤 기업인지, 재무제표는 어떻게 흘러가는지, 이번에 실적이 어떻게 나왔는지 직접 분석하면서 투자하는 사람은 대부분 많이 없을 것이다.

그렇기에 그냥 안전한 삼성전자, SK하이닉스, 절대 망할 것 같지 않은 대기업들에 투자하는 사람들이 정말 많다.

왜 이런 대기업들만 사는 것일까? 당연히 투자하면서 원금 손실을 원하지 않기 때문이다. 대한민국 최고의 기업에서 앞으로 꾸준히 성장할 삼성전자이면서 과거 1990년대 시절부터 지금까지 무려 150배는 오른 기업이기 때문이다. 앞으로도 꾸준히 삼성전자만 사게 되면 돈을 벌 것이라 생각한다.

좋은 방법들이다. 그런데 필자가 생각하는 투자의 개념부터 다시 정리해 보겠다. 전 장에서 투자에 대해 말했던 것이 기억이 나는가?

주관적으로 생각하는 투자의 개념은 '나 대신 일을 하는 것'이라고 말하고 싶다. 그럼 내 돈이 일을 하는 것인데, 내가 삼성전자 핸드폰을 만들어서 팔고 싶은데, 할 줄 모른다. 그러니 내 돈이 나 대신 삼성전자에 들어가서 일을 하는 것이고, 자동차를 만들고 싶다. 그러면 내 돈이 현대자동차에 들어가 일을 시키면 되는 것이고, SNS, IT를 통해 돈을 벌고 싶다면 카카오, 네이버에 내 돈을 투자해서 일을 하는데 동참시키는 것이다. 필자는 그렇게 표현하고 싶다.

우리가 살면서 의존하는 기업들, 돈을 많이 버는 기업들에 다가가 '내 돈도 같이 일을 시켜야지.' 이런 마인드로 투자에 들어가는 것이다. 정말 내 돈이 이 회사를 위해서 일을 해서 성장하길 바라는 마음으로 투자하는 것이 가장 좋은 것이라고 생각한다. 그 과정에서 앞으로 이 기업의 가치가 꾸준히 성장하고 커졌을 때 나의 돈이 그 가치를 만들어 내 일조하면서 내 돈이 성장하는 것을 투자라고 말하고 싶다.

돈의 지배

그러니 투자의 사전적인 의미인 내 자본이 시간과 공을 들여 이익을 얻는 것이다. 주식을 투자한다면 이런 개념으로 접근하면 좋을 것 같다.

# 개인이 주식시장에서 살아남기
# 어려운 이유

개인이 주식에 실패하는 이유는 바로 장기적인 관점이 아니라 단기적인 관점으로 바라보기 때문이다. 물론 지금 말하는 단기적인 관점은 하루, 이틀이 아닌 1년 정도의 기간을 말하는 것이고, 장기적인 관점은 5년 이상의 관점이다.

필자 역시 이 부분에서 많이 겪어 왔었다. 재무 설계 하기 전 20대 중반의 필자는 단기적 시각을 바라보며 손해를 보고 훗날에 후회를 굉장히 많이 한다. 이상한 지라시에 속아 돈을 많이 날렸으며, 삼성전자는 망하지 않겠지 하면서 이익을 내다가 더 큰 이익을 놓친 적도 있었다.

대부분의 사람들이 그런 식으로 실패를 한다.

다행히도 필자는 그런 경험들과 과정들을 거쳤기 때문에 지금 재무 설계사로서 더 좋게 자산을 만들어 갈 수 있다고 생각한다.

일단 개인이 주식시장에서 살아남기 어려운 가장 큰 이유는 바로 감정과 확신이고, 장기적인 관점으로 보지 않기 때문이다.

일단 대박을 노리는 투기적인 마인드와 설레는 감정으로 근거 없는

지라시에 확신을 가지면서 큰 손해를 입게 된다.

확신도 이런 어설픈 곳에 확신을 가져 버리면 안 된다.

그리고 삼성전자로 예시를 들어 보자. 과거 1991년부터 2023년 현재까지 무려 150배나 오른 기업이다. 당시 100만 원을 넣었으면 1억 5천만 원, 1000만 원을 15억 원이란 돈이 생겼을 것이다.

만약 우리 부모님들이 당시 적금을 넣지 않고 삼성전자 주식만 매달 20만 원씩만 구매하였어도 지금 강남에 빌딩이 있었을 것이다.

그러면 왜 사람들은 그렇게 행동하지 않았을까?

그건 바로 개인의 감정과 확신이 없었던 것이라고 말하고 싶다, 매일 주식이 오르락내리락하는 변동성에서 꾸준히 우상향 했을 때, 그다음에 올라갈 거라는 확신이 없었을 것이다. 왜냐하면 주식이라는 것은 언제 떨어질지 모르기 때문이다.

예를 들어 보자. 당신이 100만 원을 가지고 주식을 매수하였다. 하루 한 달이 아닌 일 년 정도 투자를 지켜보니 나름 장기간 했다고 생각하면서 결과를 보았다. 그렇게 그 주식은 100% 수익이 나서 200만 원이 되었다고 해 보자. 보통 사람들은 '와, 두 배나 먹었네.'라는 생각에 그 정도로 만족하고 매도하게 되었다고 해 보자.

그리고 이 기업이 십 년이란 시간이 흘러 꾸준히 기술 발전을 통해 성장하고 가치를 키워 나가서 주가가 100배 올랐다고 해 보자. 그때 두 배에 만족했던 사람이 그 결과값을 보게 된다면 굉장히 후회할 것이다.

이런 일을 겪은 사람들은 정말 많을 것이다. 우리는 미래의 일이 어떻게 터질지 전혀 모르기 때문에 이게 백배가 될지 안 될지 어떻게 알 겠는가.

이렇게 백배의 이득을 볼 수 있는 절호의 기회 안에서 두 배만 먹고 나중에 후회를 하는 이유는 바로 본인만의 확신이 없기 때문이다. 만약 이 기업이 대한민국 최고의 기업으로 성장하고 글로벌 시장에서 우뚝 서게 될 거라는 확신이 사람들에게 있었다면, 아마 은행에 적금 넣을 돈을 모조리 다 이 기업에 투자하지 않겠는가?

쉽게 예시를 보자면 당신이 지금 있는 현실에서 10년 전 과거로 돌아가게 되고, 모든 경제 시장이 지금과 똑같이 열린다면 당신은 무엇부터 하겠는가? 사람마다 다르겠지만 거의 대부분이 비슷한 생각을 할 것이다.

모두 다 어떻게든 돈을 끌어 모아서 비트코인을 살 것이다. 단순히 콜라 한 잔 사 먹을 돈까지 아껴 가면서 말이다. 그렇지 않겠는가? 필자 역시 미친 듯이 코인을 어떻게든 구매할 것이다.

이렇게 미친 듯이 사는 이유는 무엇일까?

비트코인은 2017년 미친 듯이 오를 것이고 2021년도에도 미친 듯이 오를 거라는 확신이 있으니까. 그렇지 않겠는가?

결국 사람들 마음에 확신이 없기 때문에 장기적인 관점으로 바라보지 못하는 것이다. 내가 바라보고 있는 기업에 대한 확신과, 확고한 믿음이 있어야 한다. 그 확신에서 내가 직접 이 기업에 취직해서 일을 하면 좋을 수도 있겠지만, 대부분 그 기업에 직접 다니고 있는 사람들은 아닐 것이다. 그러니 내 자본을 돈을 시켜서 그 기업이 커질 수 있는 마음으로 대신 일을 시키는 것이다. 그렇게 투자를 하는 것이다. 사람들은 그런 마음으로 투자를 하는 것이 아니기 때문에 실패하는 것이다.

# 장기적인 확신을 가지는 방법

　필자가 어렸을 때, 유치원, 초등학교 다니던 시절 이런 교육이 있었다. '너희들이 어른이 되면 그때 세상은 이렇게 바뀌어 있을 거야.' 그 기억 속에는 '앞으로 통화는 전화기로 목소리만 듣는 것이 아닌 얼굴을 보면서 통화를 할 거고, 자동차는 하늘을 날아다닐 거야.' 등 내용을 들으면서 '우와, 말도 안 돼.'라며 굉장히 설렜던 기억이 난다. 그 밖에 다른 것도 있었던 것 같은데 대표적으로 그 두 가지 내용들이 기억에 남아 있다.

　필자의 나이는 어느새 32살. 그때에 비해서는 충분히 어른이 되어 있는 나이이다. 그리고 과거와 현재 약 20년 이상 지난 시점에서의 비교를 해 보면 환경이 너무 많이 바뀌게 되었다.

　그 과정에서 어렸을 때 들었던 내용에서 '얼굴을 보면서 통화할 것이다.'라는 내용에 "우와~" 하면서 하루빨리 그런 세상이 오길 바라는 마음에 잠을 설치곤 했으나 어느새 당연하게도 영상통화가 되는 세상이 되었으며, 그 과정 안에서도 스마트폰이라는 정말 놀랄 수밖에 없는 어

돈의 지배

마어마한 혁신이 일어나 세상이 바뀌었다.

하늘을 나는 자동차는 나오지 않았지만, 개인의 비행 분야에 있어서는 드론이라는 것이 출시되면서 이 영역에서도 여러 가지 기술들이 발전되는 와중이고, 자동차 역시 전기 자동차, 자율주행, 테슬라 오토파일럿이라는 정말 상상에서만 일어난 일들이 당연한 세상이 되어 버렸다.

실제로 과거에 말했던 단순 어린이 교육들 내용들 안에서, 이미 부자가 될 수 있는 답이 나와 있었던 상황이다. 부자가 될 수 있는 답안지를 미리 주었음에도 불구하고 사람들은 부자가 되지 못했다. 답을 줘도 사람들은 받아들이지 못했기 때문에.

갑자기 무슨 소리인가 싶지 않은가? 이건 정말 알아서 부자가 될 기회를 주는 것이었다.

그 답은 바로 과거에 말했던 앞으로 올 세상에 대해서다. 과거에서 지금까지 변화된 환경을 보았을 때 그 가치 이상으로 현실에서 실현되었고, 그 과정에서 다른 가치로 가게 된 현실도 있지만, 자동차 부분은 다른 부분으로 혁신이 있었다.

그럼 그 과거의 내용을 바탕으로 이런 세상이 열릴 것이라는 것이 단순 교육으로만이 아니라, 우리 부모님의 돈들이 이 미래를 만들어 가는 데 조금이라도 기여를 하면서 꾸준히 성장할 수 있게끔 투자를 하여 보탬이 되었더라면 부자가 되었을 것이다.

이런 엄청난 답안지가 있음에도 부자가 되지 못했다.

필자의 부모님도 이런 가치 있는 미래를 어렸을 때 함께 보았고, 그 가치를 알고 있으면서 답을 미리 받은 상황에서도 부자가 되지 못했다.

왜 그럴까?

그 이유는 여러 가지가 있을 것이다.

- 투자에 대해 관심이 없거나.

- 투자를 할 줄 모른다던가.

- 엄연히 세상만사 흐름대로 알아서 흘러가겠지.

등 여러 가지 이유가 있었을 것 같은데 필자가 말하고 싶은 내용 중 가장 큰 이유는 이것이라 생각한다.

그런 세상이 열릴 리가 없어.

이런 미래가 열릴 거라는 확신이 없었던 것이라 생각한다.

과거 어린 시절에 그런 교육을 했던 이유는 정말 그런 미래가 펼쳐질 것이기 때문에 교육을 한 것인지, 아니면 어린이들 상상력이나 창의성을 키우기 위해 그런 것인지 어떤 의도로 그런 교육한 이유는 잘 모르겠다.

아마 우리 부모님들은 그랬었던 것 같다.

'저런 말도 안 되는 세상이 열리겠어?'

어린이들은 그런 세상을 바라보면서 하루하루 설레는 마음으로 지냈었지만, 부모님들의 시각으로는 전혀 말도 안 되고 생뚱맞은 얘기로 치부했을 것이다.

과거 2000년도 초반에 핸드폰이 유행을 하게 되었고 카메라 폰만 나왔을 때도 사람들은 "우와~" 하면서 놀라워했었던 시절에 이런 얘기를 했다면 어떤 취급을 했을 것 같은가?

앞으로 미래에는 이 핸드폰으로 컴퓨터처럼 인터넷을 하고, 인터넷을 통해 내가 원하는 음악을 언제 어디서든 다운로드하거나 들을 수 있고, 인터넷에 올라온 동영상도 언제든지 원할 때 볼 수 있으면서, 모든 생활이 이 핸드폰 하나로 가능하다고 얘기를 했다면 말이다.

바로 미친 사람 취급한다.

왜 이런 상상을 미친 사람 취급한 것일까? 너무 비현실적이라 생각하기 때문이다. 그리고 2000년도 후반에 애플에서 스티브 잡스가 그런 미친 비현실적인 스마트폰인 아이폰을 출시하였다. 아직도 전설의 프레젠테이션이라 얘기가 나올 정도로 수많은 사람들의 가슴에 감동을 주는 혁신이었으며, 이제 모든 사람이 스마트폰 없는 생활이 불가능해지는 삶을 살아가게 될 정도로 의존하게 되었으며, 당시에는 말도 안 되는 혁신이었던 것이 십 년을 더 넘긴 지금 시간에는 그냥 원래부터 있었던 당연한 물건으로 자리를 잡게 되었다.

과거 대학 다니던 시절에 친구들에게 이런 말을 해 본 적이 있었다.

'앞으로 휘발유로 가는 자동차가 아니라, 전기로 가는 자동차가 나올 거야.'

친구들은 미친 사람 취급을 하였다. 무슨 말도 안 되는 소리 하냐고. 그게 어떻게 가능하냐면서 비웃었다. 그런 와중에 한 친구는 이렇게 말했었다.

'아예 사람이 운전하는 게 아니라 자동차가 스스로 운전한다고 말해라.'

이 말도 안 되는 소리에 친구들은 그저 웃으면서 말도 안 된다고 넘어갔었다.

그리고 이 말도 안 되는 내용들이 지금 어떻게 되고 있는가?

테슬라에서 전기차를 상용화시켰으며, 여러 자동차 회사에서 전기차를 만들고 있는 과정에서 사람들이 '그래도 전기차가 내연기관차보다 성능은 뒤떨어지겠지.'라는 말을 일론 머스크가 테슬라 차를 제로백 3초대로 내연기관차뿐만 아니라 슈퍼카들도 압살하였으며, 이제 나올 테슬라 차는 2.1초대가 나올 예정이다.

그 과정에서 테슬라는 오토파일럿 자율 주행 모드로 원하는 목적지를 검색하면, 그 목적지까지 테슬라가 직접 운행을 도와준다.

물론 안전을 위해서 핸들을 잡아야 하는 부분은 있지만, 점차 시간이 흐르면서 자율 주행 모드는 더욱 기술 발전이 이루어질 것이고, 이제 나중에는 사람이 운전하는 것보다 더 안전하게 운전할 수 있는 미래가 온다고 말한다면, 이제 미친놈 취급하는 사람은 없을 것이다.

이렇게 세상이 바뀌고 기술들이 발전함에 따라 우리 부모님들 또한 부자가 될 기회를 알고 있었을 테지만 말도 안 된다고 말하면서 믿음이 없었기 때문에 부자가 될 수 없었다. 만약 이런 미래가 펼쳐질 거란 확신이 있어 투자한 사람들은 강남에 빌딩 몇 채는 있을 것이다.


이제는 알아야 한다, 앞으로 다가올 미래에 대해서. 이미 뉴스나 유튜브를 통해 나와 있다. 앞으로 4차 산업혁명은 전기차, AI, 로봇, 메타

버스의 시대가 열릴 것이고, 얼마 전 출시한 마이크로소프트 인공지능 챗 GPT는 출시하자마자 1달도 안 되어서 1억 명 넘는 사람들이 이용하기 시작했다.

그 과정 안에서 수많은 사람들이 놀라움을 금치 못하였으며, 챗 GPT가 대신 써 준 연설문으로 미국 하원 의원이 연설하였고, 대학 논문에서도 챗 GPT를 사용하는 대학생이 교수까지 놀라움에 금치 못하는 논문을 작성하였다. 앞으로의 미래는 AI가 더욱 발전되고 자동화되는 미래가 펼쳐질 것이다.

탄소 배출로 인한 지구 온난화 문제로 이상 기후들이 발생하는 상황 속에서 인류가 아무리 뛰어나게 된다고 하더라도 자연재해는 이길 수 없는 문제이기 때문에, 탄소 배출을 줄이기 위한 숙명이 있다. 때문에 전 세계는 현재 친환경에 관심을 가지고 있다.

그 과정에서 내연기관차는 탄소 배출이 많기 때문에 어쩔 수 없더라도 앞으로 전기차 시장을 만들어야 하고, 그 시장을 만들어 가는 과정 안에서 2023년 현재 전기차 점유율은 10% 채 되지 않은 상황이다.

그럼 앞으로의 미래는 이 전기차 점유율이 점차 늘어날 것이고, 그 과정에서 전기차 시장은 앞으로도 숙명 같은 사업이기 때문에 어쩔 수 없더라도 성장할 수밖에 없는 사업이다.

그리고 앞으로 사람들끼리 만날 때 굳이 현실에서 약속을 잡고 이동을 하여 만날 필요 없이 가상현실 공간에서 만나 얘기를 하는 메타버스 시대가 열릴 것이다.

필자가 어렸을 때 들었던 내용은 어른들이 말도 안 되는 헛소리라고 치부했지만 지금 이 시점 앞으로 다가올 4차 산업혁명을 생각해 보자. 어떠한가? 이것도 말도 안 되는 소리인가? 아니면 앞으로 펼쳐질 미래 인가?

열릴 것 같다면 물어보겠다.

당신의 돈은 이런 미래 사업에서
얼마나 많이 일을 하고 있는가?

돈의 지배

4장

# 돈과 자산의 관계

# 상승기

이 책을 읽고 있는 사람 중에 주식이나, 펀드, 부동산 등 여러 투자를 하면서 자산을 모아 가는 사람들이 있을 것이다.

근 연간 주식시장이 어떠한가?

2020년부터 2021년까지의 주식시장과 코인 시장은 돈을 못 벌면 바보라는 소리를 들을 정도로 누구나 다 돈을 버는 시장이었다. 그렇게 영혼까지 대출을 끌어 모아서 주식시장에 투자하여 돈을 많이 벌어들었다.

그 후에 어떻게 되었는가?

2022년부터 주식시장은 급 하락하여 영혼까지 끌어 모아 대출을 받았던 사람들은 현재 대출을 갚기 위하여 지금 열심히 일하고 있는 중인 경우가 많다.

부동산 시장도 마찬가지이다.

2021년까지 꾸준히 우상향 하던 서울 집값이 2022년 들어 꺾이기 시작했으며, 27억 원하던 은마아파트 간 17억 원까지 떨어졌던 적이 있

돈의 지배

었다.

이렇게 모든 자산의 가치들이 올라갔다가 하락되었다.

그러면 왜 이렇게 올라갔다 떨어졌는지를 알고 있어야 우리는 자산을 만들어 갈 수 있다.

2020년 시절 주식이 올라가기 전에 한번 급하락 했다가 반등해서 올라간 적이 있었다. 왜 급하락 했는지 말 안 해도 알 것이다. 2020년부터 코로나 팬데믹 사태로 모든 경제활동이 마비되다 보니 수익이 나지 않았고, 이에 수많은 사람들이 경제적으로 힘들어하는 사태가 벌어졌었다.

코로나 팬데믹은 2021년에도 더욱 규제가 강화되었으며, 2022년 들어서 점차 풀리면서 2023년에 들어서야 마스크 규제가 일부분 제외하고 해제되었으며, 코로나 팬데믹은 거의 끝났다고 볼 수 있다.

그럼 이해를 해야 하는 부분은 이것이다. 코로나 유행을 코스피 지수로 예시를 들자면, 급하락 구간을 바라보자. 당연하게 코로나로 세계적으로 경제시장이 좋지 않게 흘러갔으며, 모든 기업들이 어려움을 겪게 되었다. 당연히 기업들 매출이 떨어지게 되면서, 수익창출에 어려움이 생기다 보니 하락하는 것은 당연한 일이다.

그런데 코로나가 끝나지도 않은 상황에서 급반등하여서 올라가게 되었다. 왜 이렇게 되었는지 먼저 이해를 해야 한다.

코로나 사태로 기업과 개인이 어려움을 겪고 있다 보니, 시장 경제 활성화를 위하여 국가에서 직접 지원금과, 자금을 풀어 주게 되는 계기가 되었다. 정부가 직접 경제 상황을 지원하고자 시장에 돈을 풀어 버린 것을 양적 완화라고 말한다.

시장에 돈이 풀리게 되고, 이렇게 풀린 수많은 돈을 받은 개개인들은 자신의 자산을 축적하기 위하여 자산 시장에 들어가게 된다. 그렇게 주식 및 코인, 부동산 시장에 들어가게 되는데, 일단 자산의 가격은 누가 책정하게 되는지 이해해야 한다.

공급과 수요의 법칙을 알고 있는가? 공급하는 양이 많고 수요하는 양이 적으면 가격이 낮아지고, 공급하는 물건은 한정적인데 수요하려는 사람이 더 많아지게 되면 이 물건을 어떻게든 구하려고 한다. 그러면 이 물건을 확실하게 구하기 위해서 어떻게 해야겠는가? 웃돈을 주고서라도 사야 하지 않겠는가?

자산 시장에 대해 오르락내리락하는 것을 이해하려면, 주식이나 코인, 부동산을 사려고 하는 사람이 많아지면 이 가치, 가격은 상승하게 되는 것이고, 팔려고 하는 사람이 많아지면, 가치와 가격이 떨어지는 구조로 이해하면 된다.

사람들이 돈이 생겼다. 이 돈을 가지고 자산을 매집하기 위해 주식에 들어간다. 그런데 나만 사는 게 아니라 너도 나도 사게 된다. 그럼 사려고 하는 사람들이 많아진다. 주식이라는 것은 기업에서 발행하는 것이고 이 양은 무한정으로 있는 것이 아니라 엄연히 한정된 숫자가 있다. 이 주식을 사기 위해선 이 주식을 들고 있는 사람이 팔아야 이 주식을 매수할 수 있는 구조다.

예를 들어 주당 시세가 만 원짜리 주식이 있다. 이 주식이 너무 매력적이어서 가지고 싶어 하는 사람들이 많다. 당장 만 원에 팔게 된다면 너도나도 줄 서서 이 주식을 사려고 하기 때문에 당연히 팔린다. 그럼 굳이 만 원에 팔 필요가 있는가? 사려는 사람들이 이렇게 많은데? 만천 원에 올려도 너무 매력적이다 보니까 이 주식을 사려는 사람이 많을 것이다.

이렇게 공급과 수요의 법칙에 따라 사려는 사람들이 많아지면 당연히 주식이 올라가는 것이다. 당시 국가에서 돈이 풀리다 보니 자산을 매집하려는 사람들이 많아지게 되는 상황 속에서 당연하게 주식의 가치는 상승하게 된다.

여기서 사람 심리가, 보통 이런 식으로 돈을 벌게 되면 입이 근질근질하기 마련이다. 그럼 주위 사람에게 말한다.

'나 주식으로 이렇게 돈 벌었다.'

이렇게 돈을 벌게 된 사람이 자신의 증권 수익률을 지인에게 인증하게 되면, 평생 주식을 하지 않던 사람도 '나도 한번 재미 삼아 시작해 볼까? 어차피 이번에 코로나 지원금도 받아서 보너스 생긴 건데 한번 넣어 보자.'라는 생각을 가지게 되어 주식에 넣어 본다. 그렇게 돈을 벌게 된 사람들의 수많은 지인들에게 사례가 퍼지면서 시장에 풀린 돈들이 주식시장에 들어오게 된다. 그럼 매수자가 많아지는 환경 속에서 이 주식은 더 가파르게 성장하게 된다.

처음에 자기가 지인을 통해 주식으로 돈을 벌게 된 광경을 보게 되면서, 또 자기 지인에게 인증하면서 알릴 것이고 그렇게 수많은 사람들이 주식시장에 들어오게 되고, 당연히 매수자가 더 많아지니까 주식의 가치는 더욱 성장하게 된다.

이런 시장에서 더욱 주식의 가치가 가파르게 성장하게 된 계기가 뭐냐면, 여기서 사람들은 흔한 상상을 한다. 예를 들어 내가 주식에 처음 접했고 지원금 50만 원 받은 거로 주식에 투자를 하고, 일주일 만에 10% 상승이 되어서 55만 원이 되었다고 해 보자. 그럼 여기서 어떤 생각을 하게 되겠는가?

'500만 원을 넣었으면 50만 원 먹는 건데.'

그렇게 투입한 금액을 더 넣게 된다. 그런데 이런 생각을 이 사람만 생각하는 것일까? 당연히 아니다. 각각의 생각과 가치는 다르지만, 저렇게 더 많은 금액을 넣어야겠다고 생각하는 사람들은 한두 사람이 아니라, 여러 사람이 생각할 것이다.

그렇게 주식을 투입하는 금액을 높인다.

그런 시장에 들어오는 돈의 공급량이 많아지다 보니까 더욱 가치는 자연스럽게 상승한다. 그렇게 단기간에 급상승세를 맞이한 사람들은 생각한다.

'나는 주식을 잘해.'

어떤 종목을 사도 오르는 시기다 보니, 나도 모르게 이런 생각이 들고, 뭘 사도 이익을 내다 보니 자연스럽게 자신감이 생기고, 더 주식에 집중하게 된다. 여기서 또 한 번 생각한다.

'만약, 내가 5천만 원 시드머니로 넣었으면, 더 많은 돈을 벌게 될 텐데.'

그렇게 신용 대출을 알아보러 간다. 금리도 2%대 저렴하다. 나는 한 달 사이에 30% 이상 수익을 벌어들였기 때문에 더 많은 수익을 내고 갚으면 된다. 이런 생각을 가지게 된다. 그렇게 대출을 받아서 주식에 투자에 더 들어가게 된다.

물론 모두가 대출까지 받는 것은 당연히 아닐 것이다. 몇몇 소수들은 자신감에 차서 대출까지 들어가고, 그 과정 속에서 신용 대출뿐만 아니라, 담보대출까지 받는 사람도 있을 것이다. 심한 사람은 어차피 수익이 나다 보니 회사 공금을 몰래 빼내서 넣었다가 수익을 실현시킨 다음 다시 제자리에 놔두는 사람도 있었다.

이렇게 더 많은 돈들이 시장에 들어오다 보니 정말 2020년에서 2021년은 주식시장이 가파르게 성장하였고, 상한가 제한이 없는 코인 시장은 하루아침에 2배 이상 상승하는 것을 바라보면서 코인으로 들어가 큰돈을 벌게 된다.

그렇게 큰돈을 벌게 된 사람들이 모두의 워너비인 집을 구하기 위해 부동산에 들어가게 된다. 주식이나 코인으로 큰돈을 벌긴 했지만, 역시 서울 아파트 가격은 어마어마하다. 그래도 서울 아파트만큼은 지금까지 떨어지는 경우 없이 꾸준히 우상향 했으니, 이만큼 안전한 자산이 어디 있겠는가. 이제 주택 담보 대출과 전세를 이용해서 갭투자 들어가게 되고 꾸준히만 놔두게 되면 내 자산은 더욱 커지게 될 것이다.

그래도 아파트는 진입 장벽이 높다 보니, 주식처럼 수많은 사람들이 구매하려는 시장까지는 아닐 수 있겠지만, 그래도 주식 상승 시기 전과 상승 시기 후를 바라보았을 때 돈을 더 많이 벌게 돼서 아파트 구매하려는 사람들은 상승 시기 전보다는 더 많아졌을 것이다.

그렇게 부동산 시장에 평소보다 더 많은 사람들이 몰려들게 되다 보니, 부동산 가격은 2021년도는 평균보다 더 높게 상승되었다.

2020년도와 2021년도에 있었던 간단한 예시를 들고 왔다. 코로나 사태로 잠깐의 경기 침체가 와서 모든 자산 시장이 무너질 뻔할 잠깐 큰 폭의 하락세가 왔었지만, 어떤 흐름으로 급 상승세로 전환되었는지 설명한 것이다.

결론적으로 우리가 알아야 하는 것은 이 모든 자산이 올라가게 된 시초는 무엇인가? 바로 양적 완화로 시장에 풀린 돈 때문 아닌가? 풀린 돈으로 쉽게 돈이 생성이 되다 보니, 시장에 모여 있는 돈은 많아지게 되고, 돈의 공급이 많아지자, 돈의 가치는 떨어지게 되면서 대출 이자도 굉장히 저렴해진다.

결론적으로는 이렇게 생각하면 된다.

시장에 현금이 많이 생성이 되었다. 그러면 돈의 가치는 떨어지고 자산의 가치가 상승되는 것이다.

결국은 흐름이다. 이 흐름을 잘 이해하고 파악해야 우리는 돈을 벌 수 있다. 시장에 돈이 풀린 흐름 안에서 어떤 게 먼저 상승되는지 하락하는지 선행 지수를 파악해야 한다.

시장에 돈이 풀린다. 주식이나 코인을 매집한다. 사람들 돈이 생긴다. 부동산에 진입하려고 한다. 부동산이 오른다.


돈 → 주식 or 코인 → 부동산

# 하락기

2021년도까지만 하더라도 정말 많은 사람들이 자산 시장에 들어가 큰돈을 벌었다. 너도 나도 돈을 많이 벌게 되다 보니 입이 근질근질해서 친인척이나, 지인, SNS를 통해 수익을 인증하면서 자랑하고 다닌 사람도 많았고, 그런 시장 속에서 유튜브 콘텐츠로 주식에 대해 말하는 채널들이 많이 생성되었으며 '적금으로 답이 없다. 투자가 답이다.'라는 식으로 말하는 사람들이 굉장히 많아졌었다. 금융인 메리츠 존 리 대표도, 투자를 해야만 하는 이유를 사람들 앞에서 설명하는 시기였다.

상승세도 중요하지만 가장 중요한 것이 뭔지 아는가?

대처하는 법이 가장 중요한 것이다.

우리는 일상생활을 보내는 시간 안에서 사고가 났을 때 대처하는 법을 꾸준히 공부하게 된다.

누군가 나를 위협한다. 위기의 상황이다. 당신은 어떻게 대처하는가? 당연히 112에 전화해서 신고하는 대처를 하지 않겠는가?

길가에 누가 쓰러져서 위기에 처했다. 어떻게 대처하겠는가? 당연하게 119에 신고할 것이다. 그중에서도 평상시 직장이나, 군대, 민방위에서는 심폐소생술을 꾸준히 가르치다 보니, 심폐소생술을 하는 사람들도 있을 것이다.

당신이 안에 있는데 불이 났다? 가만히 있으면 당연히 죽을 것을 뻔히 아는데 어떻게 하겠는가? 소화기를 써서 불을 끄거나, 커지게 되면 119에 신고할 것이다.

우리는 이렇게 일상생활 속에서 위기가 발생하였을 때 대처하는 방법을 알고 있다. 이건 어렸을 때부터 꾸준히 교육을 한 것이고, 당연한 상식으로 자리를 잡았다.

그럼 자산 시장은 어떠한가? 친인척이나 지인들, SNS, 유튜브 등 여러 사람들이 적금으로는 절대 부자가 될 수 없다고 말하면서, 유명 인사까지 그런 말을 부추기는데 이 부분은 정말 잘못된 것이다.

왜?

그 누구도 대처하는 방법을 알려 주지 않았기 때문이다.

2020년, 2021년은 정말 한 번도 경험하지 못한 엄청난 상승세 안에서 그 누구나 돈을 벌었지만, 대처 경험도 없다 보니 수많은 사람들이 그대로 하락세를 맞닥뜨렸다. 그들은 '주식은 위험한 거야, 투자는 위험한 거야.'라고 생각하면서 다시는 주식에 손을 대지 않거나 원금이 회복되길 바라면서 그냥 기다리게 됐고, 대출까지 끌어 모은 사람은 열심히 일하면서 대출을 갚게 됐다.

최근에 재무 상담을 하면 이런 사람들이 대부분이다. 그래서 보통 솔루션을 제공해 주면서, 더 좋게 만들어 주는데 일단 오늘은 그런 것보다 대처하는 방법과 흐름과 전략을 간략하게 말씀드리려 한다.

일단 하락한 주식시장에서 원금 회복을 기대하는 사람들이 크게 착각하고 있는 부분이 있다.

지금 내가 산 주식이 50% 하락이 되었다고 해 보자. 그럼 원금을 회복하기 위해서는 50% 상승이 되어야 하는 것인가? 아니다, 100% 상승해야 원금이 복구가 되는 것이다.

우리는 마이너스 복구 수익률을 알아야 한다.

예를 들어 내가 주식을 100만 원어치 주식을 샀다고 해 보자. 그런데 주가가 반 토막이 나서 50% 손실이 발생되었다. 그러면 내 돈도 50만 원 되어 있지 않겠는가? 그럼 이 50만 원에서 50% 상승이 되면 얼마가 되는가? 75만 원이지 100만 원이 아니다. 회복하기 위해서는 100% 상승이 되어야 100만 원 원금이 되는 것이다. 그럼 100% 수익이 나는 것이 쉬운가? 워린 버핏도 연평균 수익이 20% 언저리이다. 정말 어려운 것이다.

최근 주식으로 손실 난 사람들이 이런 계산이나 개념을 파악하지 못하고 그냥 마냥 기다리고만 있다. 그럼 어느 세월에 회복이 된단 말인가? 정말 터무니없는 희망이고 미련일 뿐이다.

그래서 손실은 정말 무서운 것이다. 우리는 이 부분에서 충분히 대처를 하고 새롭게 전략을 세워야 하는 것인데, 아무 생각 없이 방치를 해 두면 당신의 자산은 그냥 마이너스만 유지할 것이다.

그럼 이제 2022년부터 2024년 현재의 시장을 얘기하려고 한다.

2020년도, 2021년도 돈이 풀림으로써 우리는 자산 시장이 굉장히 상승기를 맞이하였으며, 돈의 가치는 하락된다고 얘기하였다. 2022년 2월에 있었던 가장 큰 이슈가 뭔지 알고 있는가?

러시아 블라디미르 푸틴이 우크라이나에 침공하여 전쟁이 시작되었다. 전쟁의 시작과 동시에 전 세계에서는 러시아에 경제적 제재를 가하였고, 이에 산유국인 러시아가 석유 제공에 제한을 두게 되면서 공급이 줄어들게 되자, 국제 유가가 폭등하는 사태가 벌어졌었다.

유가가 폭등하면서, 자연스레 주유소 기름값이 폭등하였고, 이것으로 인해 차를 타고 다니는 사람들은 큰 부담을 앉게 되었다.

단순히 차 기름 값만 높아진다고 생각하는 사람도 있는데, 현재 필수 원자재인 석유로 전 세계에 미치는 영향은 단순히 기름 값만 올라간다고 생각하면 절대 안 된다. 유가 상승 하나만으로 모든 물가들이 올라갈 수밖에 없기 때문이다.

우리가 생활하는 모든 생필품이나, 기업에서 필요한 모든 원자재들을 받기 위해서는 하늘에서 뚝 떨어지는 것이 아니기 때문에 운송을 통해서 받게 된다. 결국엔 마트에서 구매하는 생필품, 식자재들도 운송을 통해서 이 물건들을 받게 되는 것이고, 기업이 필요한 원자재들도 운송을 통해서 받는 것이다. 이 운송하는 과정에서 필요한 것은 전기가 아닌 석유인데, 이 석유 값이 올라가게 된다면, 이 운송 비용이 자연스럽게 올라가게 되면서 모든 물가가 상승될 수밖에 없는 것이다.

소비자 물가지수가 2021년도 3% 하던 수치가 2022년도 6%까지 올라가는 어마어마한 물가 상승을 겪게 되었고, 우리는 그 물가지수를 식당이든, 마트든, 카페든 1~2년 전과 비교만 해도 쉽게 파악할 수 있다. 그리고 물가 상승과 비례해서 급여가 그렇게 올라가지도 않았다.

이런 물가가 상승되는 것을 인플레이션이라고 하는데, 러시아 전쟁으로 인해 이 인플레이션이 너무 크게 상승되다 보니 서민들 가계나, 기업들의 재무제표는 더 어려운 환경을 겪게 되었다.

이런 어마어마한 인플레이션을 겪는 시장에서 손 놓고 아무런 대처를 하지 않는다면, 계속해서 물가는 상승하는 게 기정사실이다. 그렇다고 사람들의 급여가 물가 상승된 만큼 더 올라가는 것도 아닌 상황이며, 기업들 재무제표도 더욱 악화될 것이다.

그러면 이런 사태를, 물가 상승을 막기 위해서는 어떻게 해야 하는 것인지. 현재 정부에서는 어떻게 하고 있는지 알아야 한다. 어떻게 해야 하는 것일까?

바로 돈의 가치를 상승시키는 것이다. 그럼 돈의 가치를 상승시키기 위해서는 어떻게 해야 하는가?

바로 금리를 올리는 것이다. 2021년도 0.5% 하던 대한민국 기준 금리가 단계별로 올라가면서 현재 2024년 4월 3.5% 7배나 상승하였고, 미국 역시 2021년도 0.25% 하던 금리가 단계별로 상승하면서 지금(2024년 4월) 5.5% 무려 22배나 상승하였다.

이렇게 금리가 상승함에 따라 돈의 가치가 상승하는 것이다. 왜 금리가 상승되는 것일까? 쉽게 설명하자면 양적 완화로 돈을 시장에 공급함으로써 자산 시장의 상승과 함께, 통화의 가치가 하락된다는 것이다. 그럼 금리를 인상시키게 되면 시장에 풀린 통화를 거둬들이겠다는 의미라고 해석하면 된다.

기준 금리 상승으로 인해 기존에 저금리로 1금융권 신용대출이나, 주택 담보대출을 받던 사람들 이자가 1%~2%대였다고 한다면 5~9%까지 올라가는 경험을 하게 될 것이고, 1%~2%였던 예·적금 이율이 5%~6%로 올라가게 된다. 그러므로 저축하는 사람들이 생겨나면서 은행을 많이 이용하게 되는 것이다. 그러면 자연스럽게 풀렸던 통화량이 은행으로 들어가게 되지 않겠는가?

그렇게 자산 시장에 풀렸던 통화들이 은행으로 들어가게 되면 될수록 돈이 자산 시장이나, 소비를 덜 하게 되게 되면서 돈의 가치가 상승되는 것이다.

그럼 이렇게 금리가 올라가게 되면 가장 먼저 어떤 현상이 일어나게 될까?

먼저 기업이나 가계나 부채를 끼고 있는 사람들의 부담이 커지게 될 것이다. 저금리로 대출받았던 이자가 어느새 4배 가까이 상승되어서 부담이 커져 소비를 줄이면서 대출 이자 갚기 급급해지고, 기업들 역시 영업이익이 발생하여도 이자 내기 급급할 것이다.

그럼 사람들 소비는 줄어들게 되면서, 사람들의 소비로 먹고사는 기업들의 매출 역시 더 줄게 될 것이다. 회사의 이익이 줄게 되면 당연히 기업의 평가는 전보다 낮아지게 될 것이고, 이 결과 기업의 가치는 더욱 떨어지게 될 것이다.

가계에서는 부담스러운 대출이자를 해결하기 위해서 돈을 마련해야 한다. 돈을 마련하려면? 뭐 예·적금이 있다면, 해지해서 부담할 수 있을 것이고, 자산을 처분해서 돈을 마련하게 될 것이다. 그럼 자산을 처분하는 과정에서는 현금화하기 편한 주식을 처분할 것이고 그렇게 주식을 파는 사람이 늘어나게 된다.

금리가 높아지다 보니, 이자 내기 부담스럽거나, 아니면 예·적금으로 돈이 몰리게 되면 결국 사람들의 소비가 줄어들게 된다. 그럼 기업은 사람들이 소비를 해서 매출을 올려서 이익을 창출해 내는 곳이 아닌가? 이런 과정에서 당연히 기업의 매출은 줄어들게 될 것이고, 기업 역시 대출 끼고 사업을 하는 곳이라 과거 냈던 이자보다 더 많은 이자를 내게 된다. 그러면 아무리 매출을 올리려 집중을 하여도 전보다 사람들 소비도 줄어들어 그 과정에서 이자를 내는 것조차 부담스러워진다. 이렇게 전보다 기업의 가치가 떨어지게 되는 것이다.

금리가 높아짐으로써 자신의 자산을 처분하는 과정과, 기업의 실적이 더 좋지 않게 나온다면 주식 시장은 어떻게 되겠는가? 당연히 하락을 맞이할 수밖에 없는 것이다. 우크라이나 러시아라는 전쟁 이슈로 우리는 살인적인 물가를 맞이하게 되었고, 그 물가를 잡기 위해서 금리를 인상하게 된 것이고, 금리 인상 하나만으로 통화의 가치가 상승하면서, 자산의 가치가 하락 되는 것이다.

그래서 돈과 자산의 가치는 반비례로 움직이는 것이다.

만약 상승세를 타서 이득을 많이 본 상태에서 우크라이나 러시아 전쟁이 일어나 금리가 인상이 되고 내 자산이 더 떨어지는 것을 대처해 처분을 하였다면 큰 손실을 막았을 것이고, 그냥 막연한 마음으로 지켜보기만 했다면 더 크게 손실을 입었을 것이다. 그래서 시장의 흐름에 대한 대처가 굉장히 중요한 것이다.

그럼 2022년부터 지금까지의 자산 시장을 바라보면, 주식과 부동산 모두 하락되었다. 이 모든 것은 금리 인상 하나만으로 벌어진 일이다.

그럼 이런 상황에서는 어떻게 하는 게 좋아 보이는가? 떨어지고 있는 자산 시장, 과거보다 높은 예·적금 금리. 당신이라면 이런 시장에서는 어떻게 해야 효율적으로 자산을 만들어 갈 수 있을 거라 생각하는가?

은행 예·적금이라고 말하는 사람이 정말 대부분일 것이다.

근데 필자의 주의는 절대로 은행 예·적금만큼은 안 하는 주의이다. 그럼 떨어지고 있는 자산 시장인데, 지금 들어가면 크게 손해를 볼 텐데 어떻게 하라는 것인가?라고 생각하지 않나?

간단한 전략을 드리자면, 보통의 경우 일단 시장의 흐름이 떨어질 시그널이 발생할 때 분할 매도를 들어간다. 그런데 이번 사태는 분할 매도로 들어가지 않고 전량 매도로 들어간다.

왜?

전쟁이라는 확실한 경제적 위기와, 그에 따른 유가 상승으로 누가 봐도 확실한 시그널이 발생했기 때문이다. 이런 상황에서는 어떻게든 빠른 시기 안에 전량 매도를 해야 한다. 주식은 그래서 확신이 중요한 것이다. 이번 시그널은 누가 봐도 확실한 시그널이다.

그럼 매도한 자금은 은행 예금으로 넣는가? 필자는 아니다. 금리가 높다 보니 예금이 정말 매력적인 것처럼 보이지만, 이런 시기에 더욱 매력적인 것이 있다. 바로 채권이다.

채권이라는 것은 쉽게 말해서 돈을 빌려주는 것이다. 나라가 돈이 필요해서 발행하는 채권을 국채, 기업에서 발행하는 채권은 기업채, 개인 간 돈을 빌리는 것은 사채라고 말한다. 여기서 필자는 기업채를 추천해 준다.

채권도 위험한 거 아니야?

충분히 그렇게 생각할 수 있다. 왜냐하면 레고랜드 사태 때문에 채권 시장이 잠깐 무너진 적이 있었기 때문이다.

레고랜드 사태를 간단하게 얘기하자면, 레고랜드가 활성화되면 어마어마하게 돈을 벌 것이라는 확신이 있었는데 현장 유물 발견으로 인해 공사가 늦춰지면서 필요 자금을 다 소진하게 되자 자금을 구하기 위해 채권을 발행하게 되었고, 강원도 지자체에서 직접 나서서 보증을 서게 되자 사람들이 신뢰를 하게 되어 채권에 투자하게 되었다. 하지만 레고랜드 수익이 생각처럼 많이 나오지 못하게 되어 채무 상환하기 어려워지자 보증을 나섰던 강원도 지자체가 갚으려 했지만, 채무불이행을 선언한 것이다.

사람들은 정부가 직접 보증해 준다는 무한한 신뢰로 투자한 것인데 채무불이행이라 하니 분노에 나섰고, 정부조차 신뢰를 주지 못하다 보니 국내 채권시장이 붕괴되는 그런 상황이 발생하였다. 이 여파를 막기 위해 예산을 편성하여 채권 전액 상환을 실시하였다.

이런 일이 벌어진 것은 아무래도 보증을 해 준 정권과 상환을 해 줘야 하는 정권이 바뀐 이유도 있겠지만, 사람들의 신뢰를 저버리는 상황이다 보니 채권이 안전하지 않는 인식이 생겼다.

그래서 필자는 최대한 안전하면서도 높은 채권들로만 추천해 주고 있다. 채권을 알아볼 때 기업이 어떻게 돈을 벌고 있는지, 어떤 담보를 가지고 있는지 알아봐야 한다. 국가가 보증을 해도 나 몰라라 하는 시대이기 때문에 보증이 중요한 것이 아니라 담보물들이 중요한 것이다.

그렇게 채권시장으로 들어가면 연 8~12% 확정적 수익을 창출해 낸다. 은행 예금보다 더 높은 수익을 창출해 낸 것이다.

그럼 이것은 가지고 있던 자산을 활용한 것이고, 앞으로 벌어들이는 소득에 대한 전략은 어떻게 해야 할까? 이건 적금이라도 넣어야 하는 것인가?

필자는 적금을 추천하지 않는다. 이럴 땐 분산해서 자산을 나눠야 한다. 매월 들어가는 단기채로 안정적이면서 은행보다 더 높게 이자를 주는 것으로 단기적 자금을 형성하고, 장기적인 관점으로 주식을 매수하는 것을 추천한다.

하락세인데 주식을 매집하는 것에 의문이 들 수 있다.

삼성전가 주가 9만 원일 때 사람들은 10만 원 돌파하길 바라면서 차트를 보고 응원의 채팅을 날린다. 그렇게 5만 원으로 떨어졌을 때는 무서워서 못 사겠다고들 한다.

우리 주식을 하는 기본 중에 기본이 무엇인가? '바로 싸게 사서 비싸게 팔자' 아닌가?

삼성전자 9만 원 하던 게 5만 원으로 떨어졌으면 절반 가격으로 더 싸게 살 수 있는 절호의 찬스 아닌가?

어렵게 생각할 필요 없다. 백화점에 있는 샤넬, 루이비통이 50% 할인한다면 사람들은 줄 서서 살 것인데, 주식이 할인하면 무서워서 안 산다고 한다. 단순하게 주식 할인한다고 생각하면 된다.

이 부분에서 장기적인 관점과 확신이 있어야 한다. 그리고 분할 매수로 들어가야 한다. 왜냐하면 우린 미래를 보거나 신이 아니기 때문에 어디가 최저점인지 모른다. 그래서 매달 적금 넣듯이 50만 원, 100만 원씩 사는 것이다. 그리고 주가는 쳐다보지 않는 것이 좋다. 괜히 떨어지는 것 보고 감정만 앞서게 될 수 있다. 그렇게 장기적으로 2년, 3년 바라보면 반등하여 올라갈 것이다.

왜? 금리 인상을 평생 동안 할 예정이 아니기 때문이다. 지금 금리 인상 하나로 가계 부채나 기업 부채로 굉장히 힘든 시기를 보내고 있는 와중이다. 지금 금리 인상하는 목적은 엄연히 전쟁으로 인한 물가 상승 때문에 금리 인상이 실현된 거고, 전쟁은 평생 하진 않을 것이며, 물가가 잡히게 된다면 금리 인하가 될 것이고, 금리 인하가 되면 다시 자산의 가치는 상승될 것이기 때문이다.

과거의 데이터를 봐 보자. 2008년 서브프라임 모기지 경제 대공황시대가 왔을 때도, 지금과 비슷하게 부동산과 주식의 가치는 급하락 하였고, 그 당시 수많은 사람들의 큰 손실을 입게 되었다.

이때 자산이 떨어졌다고 무서워서 제대로 대처하지 못하면서, 전략을 세우지 못한 사람들은 크게 손실을 입었다. 이 시장을 바라볼 때 지금 자산이 저렴해진 시장이라고 바라본 사람들은 큰돈을 벌게 되었다.

대표적으로 워런 버핏이 이런 글로벌 금융위기일 때 저렴해진 기업들을 막대한 자본금을 투입하여 몇 조를 벌어 갔었다.

지금 우크라이나 러시아 전쟁으로 분명 경제 위기이다. 위기 속엔 가난한 사람들은 위험하기 때문에 움직이면 안 된다고 말할 수 있다. 충분히 이해한다. 왜냐하면 위기란 뜻 자체가 위험한 고비나 시기라고 말하기 때문이다.

현명한 사람들은 그렇게 생각하지 않는다. 항상 큰 기회는 위기 속에 있는 것이다. 이런 위기를 우리의 자산을 2배, 3배 올려 줄 수 있는 절호의 찬스라고 생각하고 실천한다. 그렇게 많은 돈을 벌어들일 것이다.

그렇게 부자들은 더 부자가 되고, 가난한 사람은 더 가난해지는 것이다.

우리는 항상 부자처럼 생각하고 행동해야 한다. 그래야 자산을 만들어가고 더 부자가 될 수 있는 것이다.

정말 중요한 것은 시야를 넓혀야 하는 것이다. 가난한 사람들은 숲에서 나무 한 그루만 쳐다볼 때 부자들은 숲 전체를 바라보면서 생각한다.

가난한 사람들은 가까운 시기만 바라보면서 땅을 치고 후회한다.

현명한 사람들은 넓은 시야와 흐름을 바라보면서 판단하고 행동한다.

부자처럼 돈을 많이 못 벌더라도 생각은 항상 부자처럼 하고, 따라 해야 한다. 그러면 당신도 부에 더 가까워질 수가 있는 것이다.

항상 부자처럼 생각하자.

5장

# 안전 자산

# 무너지는 부동산 시장

현재 금리 인상으로 서울 아파트 가격이 무너지고 있는 추세이다. 그럼 금리 인상과 아파트는 무슨 관계인가? 당연히 알겠지만, 대출 이자가 높아졌기 때문이다. 누구나 다 아는 사실일 수도 있겠지만, 이 내용의 깊이를 알아야 한다.

대한민국에서 정말 큰 부자들은 대부분 부동산으로 자산이 형성되어 있거나 부동산으로 돈을 많이 번 사람들이 많다. 왜냐하면 부동산은 안정적이며 꾸준히 우상향 된다는 인식이 강하기 때문이다. 왜냐하면 부동산으로 벌어들인 사례는 굉장히 현실적이면서, 많기 때문이다.

흔히 부동산으로 돈을 번 예시를 들자면.

내 연봉이 4천만 원이라 가정했을 때, 열심히 돈을 모아서 지금은 찾아보기 어렵겠지만 서울에 7억 원짜리 아파트를 구매했다고 해 보자. 그럼 이 7억 원짜리 아파트는 단순히 내가 돈을 모아서 벌어들인 것일까? 당연히 아닐 것이다.

은행을 좋아하는 것은 아니지만 가령 예를 들어 20년 동안 매월 200

돈의 지배

만 원씩 적금 넣어서 10년 동안 2억 5천만 원을 만들어 냈다고 해 보자. 그래도 이 7억 원짜리 아파트를 사는 것은 불가능하지만, 여기서 5억 원 정도 은행에 이 주택을 담보로 대출을 받게 되면 살 수 있게 된다.

대출이자가 약 2% 저금리 시절 때 받았다고 가정하고 이자가 매월 41만 원이 나오고, 20년 기간에 원리금 균등 상환 대출로 가게 된다면 약 250만 원 정도 될 것이다.

매달 250만 원 지출을 하면 이 아파트를 구매하고 이 집에서 살 수 있게 된다. 그렇게 이 아파트를 구매했다고 가정해 보겠다.

5년이란 시간이 흘렀고 이 아파트의 가격이 7억이 아니라 15억이 되었다. 그러면 이 5년이란 시간 동안 양도 차익이 8억 정도 된 것이 아닌가? 내가 가진 아파트가 1가구고, 실제 5년이란 기간을 거주하였다면 약 2천만 원에 양도소득세가 발생할 것이다.

그럼 5년 동안 부동산 하나로 벌어들인 금액이 약 7억 8천만 원. 내 급여로 이 금액을 벌어들이려면 약 20년은 일해야 벌 수 있다. 그걸 단순히 5년 만에 벌어들인 것이다.

그럼 이 기간 동안 대출 250만 원을 내는 것이 부담스럽다면 이렇게 사들인 다음 월세를 내주고 월 100만 원씩 받고 나는 50만 원짜리 월세에 살아도 대출 200만 원으로 줄어든다. 물론 실거주를 안 했기 때문에 세금은 양도소득세는 약 4천만 원으로 늘어나겠지만.

그렇게 너도 나도 부동산 시장에 들어가려고 애를 쓰는 부분에서 서울 아파트 가격은 포화 상태에서 꾸준히 상승 중이다.

보통 부동산에 쉽게 접근하는 방식은 이렇게 접근하면 된다. 그리고 현재 유행하는 트렌드가 바로 갭 투자이다. 부동산은 진입 장벽이 높다 보니, 대부분 순수 내 돈으로 마련하기 어렵다. 그래서 보통 은행에 대출을 끼고 들어가기 마련인데, LTV라고 해서 주택의 담보 인정 비율이라고 하는데 이 주택의 가격에 있어서 사람의 조건마다 80%, 70% 정도 대출해 준다는 의미이다. 그럼 내 자본은 최소 20%는 있어야 한다.

그럼 15억 원짜리 아파트를 구매하기 위해선 내 자본 3억 원은 있어야 하고, 만약 조건이 안 맞아서 70% 대출까지만 대출해 준다고 한다면 4억 5천만 원은 있어야 한다.

그러니 지금 나한테 1억 원이 있다면 이 15억 원짜리 아파트를 구매할 수 있게 대출을 해 줄 수 없다는 것이다.

그래도 이 1억 원으로 아파트를 구매하는 방법이 있다. 이게 바로 갭 투자이다. 먼저 이 아파트에 들어갈 세입자를 구하는 것이다. 그게 전세든 월세든. 보통 여기서 전세 세입자를 많이 찾는다. 이 15억 원 아파트에 전세금 7억 원을 잡아 보자. 그러면 내 자본 1억 원과 전세금 7억 원을 합하면 8억 원이지 않은가? 내 자본금이 60%에 해당하게 되는 것이다. 그리고 나는 은행에 남은 40% 6억 원만 대출받으면 된다.

6억 원에 20년 2% 원리금 균등 상환으로 들어가게 되면, 한 달에 약 300만 원을 내고 이 집에 투자할 수 있다. 내 월 소득은 600만 원이라고 가정한다면 300만 원 정도는 감당할 수 있다. 10년 안에 이 아파트에 가격이 30억 원이 된다면 나는 15억 원을 버는 셈이고 그때 팔게 된다면 1주택자 가정하에 양도소득세를 빼도 10억 원 이상 벌어들인 것이다.

이런 방법으로 수많은 사람들이 부동산 갭 투자 시장에 들어가게 되었고, 투기 과열로 더욱 부동산 시장은 떠오르게 되었다.

그럼 여기서 순탄하게만 흘러가면 안정적으로 돈을 벌어들이는 것인데 문제가 발생한다. 바로 금리가 상승되었다는 것이다. 기준 금리가 상승됨에 따라 2%였던 대출이자가 6% 많게는 8%까지 올라가게 된 것이다.

원리금 균등으로 300만 원 내고 있던 대출이 6% 상승되자 400만, 8%면 500만 원을 부담해야 한다. 어느새 내 월급 대부분 대출을 내다 보니 남는 게 없어지는 현상이 실현되는 것이다.

내 급여가 600만 원인데 감당이 대출금 감당이 안 되면 어떻게 하겠는가? 집을 팔아서 대출금이라도 갚아야지 않겠는가? 그렇게 집을 팔려고 시장에 내놓게 되었는데. 나같이 부담을 느끼는 사람들이 굉장히 많아졌다. 너도 나도 집을 내놓고 있다.

15억에 사 들인 가격으로 집을 내놓게 되었는데, 너도 나도 내놓게 되다 보니깐 판매하려는 사람들이 많다. 그리고 나는 지금 당장 버틸 수가 없다. 그래서 가격을 더 낮춰서 판매를 한다. 그렇게 다른 사람들도 똑같이 낮추다 보니 어느새 아파트 가격은 10억 원이 되어 있다.

그렇게 나는 10억 원에 아파트를 처분하였다. 그런데 이 아파트에 들어간 돈은 내 자본 1억 원과 전세 세입자 7억 원, 대출 6억 원이다. 10억 원에 판매하였으면, 세입자에게 7억 원을 주고 대출금을 갚는다 하더라도 3억 원밖에 못 갚게 된다. 내 돈 1억 원도 사라졌으며 빚만 생기게 되는 꼴이다.

지금 현실이 이런 식으로 흘러가고 있다. 그래서 부동산 가격은 금리가 올라가자마자 대출 끼고 버티기 힘들어하는 사람들이 내놓게 되었고, 거기에 갭 투자로 들어간 사람들은 더 힘들게 되었다.

여기서 더 문제인 것은 이렇게 갭 투자로 버티고 있는 사람들도 분명 있을 것이다. 그 사람들도 버티더라도 문제가 발생되는 것이, 아파트 가격이 낮아지면 전세금도 줄어드는 것이 당연하다. 그럼 세입자에게 낮아진 시세만큼 전세금도 돌려주어야 한다. 영혼까지 끌어 모아 대출을 받은 상태에 갭 투자로 들어간 사람이, 대출금 갚느라 매달 모이는 돈 하나 없는 빈털터리이고, 더 이상 대출도 나오지 못하는 상황이 된다면 전세금을 돌려주지 못하는 상황이 발생하게 된다.

지금 서울에 있는 아파트들의 큰 문제점이면서, 아파트 가격이 역대급으로 내려가고 있는데, 다시 금리 인하가 된다면? 다시 올라가게 될 것 아닌가?

여기서 자본이 많은 부자들은 이렇게 싸게 내놓은 부동산을 저렴하게 구입하게 될 것이고, 부자가 되길 바라는 마음에 갭 투자로 부동산을 구입한 사람들은 빚에 허덕이며 더 가난해지게 될 것이다.

이 모든 시초는 전쟁으로 인해 이렇게 진행되었는데, 물론 누가 전쟁이 일어날 거라고 상상을 했겠는가? 부자들도 거기까진 예상하지 못했을 것이다. 여기서 말하고 싶은 결론이 뭐냐면 결국 자산 하나에 집중했기 때문에 망한 것이다. 자산은 분산해 두어야 한다. 부동산은 꾸준히 올라간다는 장점이 있지만 진입 장벽이 높으면서, 위기 때 어떻게 보면 주식보다 더 큰 리스크를 안겨 줄 수 있는 것이다. 그리고 이 리스크를 짊어질 계산이 안 되었고 너무 급했다. 월 300만 원 대출금에 대한 리스크를 생각하면서, 이게 이자가 올라서 어느 정도 될까 계산을 하면서 들어갔다면 버티면서 추후를 대비할 수 있었겠지만, 그런 부분이 전략적으로 전혀 없었기 때문에 실패한 것이다.

결국 최고의 안전 자산을 고집하다가, 최대의 리스크를 맞이한 꼴 아닌가?

이런 리스크에 대해서 전혀 생각하지 않았을 것이다.

왜?

부동산은 너도나도 가지고 싶어 하는 과정이라 경쟁력도 좋은 시장이다. 특히 서울 집값은 계속해서 상승 중이라 안전하게 큰돈을 벌어들일 수 있다는 막연한 믿음 때문에 리스크를 전혀 생각하지 않았을 것이다.

우리가 부동산이든, 주식이든 뭐든 투자를 하게 되면 겪는 리스크를 알아야 한다. 문제가 생겼을 때 어떻게 내 돈을 지킬 수 있는지 바라보는 시각과 혜안책을 항상 머리에 인지하고 있어야 한다. 그렇게 지킬 수 있는 전략들을 세우면서 접근해야 하는데 이런 부분들이 전혀 안 되다 보니 큰 리스크를 떠안을 수밖에 없는 것이다.

비교적 안전이라는 것은 있을지언정 100% 안전이라는 것은 없다. 100% 안전이라 생각했던 은행조차도 파산할 수 있고, 예금자 보호 방면에서도 리스크가 있다. 그다음 안전할 거라 생각한 부동산도 이런 방면으로 바라보았을 때 원금을 날리고 빚만 떠안게 되는 리스크가 될 수 있는 것이다.

비교적 안전하면 안전할수록 리스크는 다른 시장보다 더 크게 다가올 수도 있다.

그럼 어떻게 해야 하는가?

우리는 리스크를 계산하면서 자산을 배분할 줄 알아야 한다. 이렇게 부동산의 리스크를 짊어졌을 때 다른 자산이 버텨 주고 있다면 해결 가능한 부분이다. 그런 부분에서 필자가 상담할 때 해 주는 것은 늘 자산을 배분시켜서 만들어 주는 것이다. 투자자산과 안전 자산. 같이 모아가는 것이 리스크를 줄이면서 부자가 될 수 있는 방법이다.

# 최고의 안전 자산

우리 최고의 안전 자산이라 생각했던 은행과 부동산도 리스크가 있다는 것을 인지하게 되었다. 사실 이런 자산보다 더 최고의 안전 자산이 있다. 그것은 과연 무엇일까? 바로 금과 현금이다. 뭐 금은 말할 필요도 없이 수천년 역사 동안 계속해서 안전한 자산이었고, 당연히 현금도 안전하지 않겠는가? 라고 생각하겠는데 당신이 생각하는 현금은 원화이지 않은가?

필자가 말하는 현금은 달러이다. 달러야말로 현시점 세계 최고의 안전 자산이다.

달러는 세계에서 통용되는 기축통화 안에서도 무려 60%에 해당하는 점유율을 가지고 있다. 우리는 대한민국 사람이다 보니 달러보다 당연히 원화가 더 익숙해서 공감하지 않을 수 있지만, 예를 들어 봐 보자.

저 멀리 아프리카 작은 나라에 가서 어린이에게 용돈을 준다고 5만원짜리 화폐를 주게 된다면 이 어린이의 반응은 어떠할까? 그냥 '신기하게 생긴 종이네.'라면서 바라보다 종이비행기 접어서 던져 볼 수도 있다.

그럼 만약 100달러를 주게 된다면?

심장이 두근두근 뛰면서 설레는 마음으로 정말 감사하게 받을 것이다.

원화를 쓰고 있는 대한민국도 마찬가지로 100달러를 누가 준다면 안 받을 사람이 있겠는가? 수많은 사람들이 다 받지 않겠는가? 물론 그 과정에서 물건을 살 때는 환전하기 귀찮아서 거부하는 사람들은 있겠지만, 100달러 주고 거스름돈 다 가지라고 말한다면 누구나 다 좋아할 것이다.

이렇게 전 세계에서 모든 사람들이 알고 있는 화폐는 바로 달러이다. 원화와 달러와 비교했을 때, 우리는 당연히 원화를 더 접한 일이 많다 보니까 개념이 안 잡혀 있을 수 있지만, 전 세계적인 관점으로 보면 사람들은 원화를 모르고, 달러를 알고 있는 것이다.

그러면 달러 중에서도 여러 달러로 나뉘는 부분이 있는데, 당연하게도 필자가 말하는 달러는 미국 달러이다. 물론 세상에 리스크는 무조건적으로 없다고 말하기는 힘들다. 미국 달러 역시 엄연히 리스크가 존재한다. 어떤 리스크가 있을까?

미국이 망하는 것.

미국이 망했을 때 미국 달러는 그냥 종이 쪼가리가 되는 것인데, 여러분들은 세계 1위 채권국인 미국이 망할 것이라 생각하는가? 물론 미국이 무조건적으로 망하지 않는다는 것은 아니지만, 미국이 망하기 전에 대한민국이 먼저 망하고 원화가 종이 쪼가리 되는 것이 더 빠를 것이다.

미국이 가지고 있는 기술력, 경제력, 군사력, 영향력 모든 것을 바라보았을 때 압도적으로 1등이며, 오죽하면 전 세계 모든 국가를 다 합쳐도 미국 하나에 안 된다는 말이 나올 정도이다.

그래서 미국 달러는 최고의 안전 자산이라 말하는 것이다.

당신이 생각했을 때 달러 환율이 어느 정도 되어야 적당하다고 생각하는가? 달러당 1000원? 1100원? 혹시 지금 2024년 4월 기준으로 환율이 어느 정도 되는지 알고 있는가? 달러당 1300원대 중후반을 달리고 있다.

만약 당신이 달러가 1100원 대가 적당하다고 생각하다면 지금 달러가 굉장히 비싸다고 생각되지 않는가? 어떻게 표현하고 싶은가? '달러가 진짜 많이 올랐네.' 이렇게 표현하지 않겠는가? 물론 틀린 표현은 아니지만 근본적으로 봤을 땐 달러는 올라간 적이 없다.

'아니, 달러가 비싼데, 올라가지 않았다고? 무슨 소리지?'

이런 의문이 드는 것은 당연하다. 일반적인 생각을 가지고 있다면 말이다. 그런데 실상은 다르다.

일단 달러의 가치는 상대적인 세계 경제시장에서 올라가거나 내려간 적 없었다. 물론 금리 인상으로 인해 통화의 가치가 상승되고 달러가 상승된 것은 맞지만, 이건 엄연히 대한민국 원화도 마찬가지 아닌가? 대한민국도 금리를 인상시켰고, 원화의 가치를 상승시켰다.

달러가 이렇게 비싸진 이유는 달러의 가치가 올라갔다고 표현하기보단 대한민국 원화가 내려간 것이 맞는 표현이다.

설명하기 앞서 먼저 대한민국이란 나라가 어떤 나라인지 인지하고 인정해야 한다. 대한민국은 땅 파서 기름 나오는 산유국가가 아니라, 엄연히 물건을 만들어 판매하는 제조국가이다. 그런 제조국가 안에서도 물건을 판매할 때 대한민국 안에서만 수익을 실현시키는 내수 국가는 아니다. 물론 대한민국에서 판매를 안 한다는 소리가 아니라 비중으로 보았을 때 내수시장으로 벌어들이는 것보다, 배 타고 바다를 건너 해외에 수출해서 판매를 하는 수출 비중이 훨씬 높은 나라이다.

그런 관점에서 지금 계속해서 수출은 적자가 나고 있는 상황에 IMF가 바라보는 2023년 한국 수출력은 2022년 절망적이었던 수치보다 더 낮게 나올 예정이었으며, 실제로 2023년 수출력은 정말 처참한 결과를 낳았다. 즉 세계적으로 경쟁력이 떨어지고 있다는 소리이다.

그런 와중에 경제성장률을 보게 된다면, 2022년 기분 미국 4.2%, 한국이 2.6%. 미국보다 더 낮은 수치로 성장하게 된다. 이게 뭐 당연히 미국이 잘나가니까, 당연히 우리나라보다 잘 나오겠지 생각할 수도 있는데 이건 엄연히 심각한 문제이다.

이 경제성장률 얘기를 잠깐 해 보자면, 개발이 모든 게 이루어진 나라이면 나라일수록 경제성장률이 올라가기가 어렵다. 쉽게 말해서 4차 산업 기술 개발에 있어서 지금 미국을 따라잡을 수 없을 정도이며 전 세계에서 압도적으로 기술력이 좋다는 것이다. 더 이상 개발할 필요나 올라갈 수 있는 부분이 있나 싶을 정도로 말이다.

더 이상 기술 개발이나 성장률이 다른 나라에 비해서 난이도가 훨씬 높고 올라갈 곳이 없어 보이는 상황 속에서도 미국은 계속 기술 발전이 이루어지고 있고 개발하고 있는 중이다.

반면에 우리나라의 기술력을 봐 보자. 미국보다 기술력이 떨어지는 와중에 더 개발할 것들이 훨씬 많지 않은가? 그러면 미국보다 성장하는 것이 더 쉬운 난이도임에도 불구하고 미국보다 못 올라가는 것이다.

경제성장률이라는 것은 이 나라의 개발로 경제가 성장하는 것을 의미한다. 예를 들어 건물 하나 없는 아프리카의 어느 나라에서 단순 건물 하나만 세워도 경제 성장률이 10% 넘게 상승된다고 생각하면 된다.

이렇게 개발이 안 된 후진국에서 개발을 할 수 있는 여력이 많은 나라를 개발도상국이라 불리는데, 개발도상국에 가까우면 가까울수록 별거 아닌 일에도 경제 성장률이 올라가기가 쉬운 것이다.

그래서 과거 6.25 전쟁 끝나고 폐허였던 개발도상국인 대한민국이란 나라가 50년 안에 경제성장률 100배 이상 올리는 기염을 토한 기적적인 나라가 되면서 선진국이 되었다. 당시에는 별거 아닌 것만 만들어도 경제성장률이 껑충 뛰어 어마어마한 성장률이 기록되었을 것이다.

쉽게 비유하자면 수학 문제를 푸는데 당연히 초등학교 수학은 풀기 굉장히 쉽고, 중학교는 조금 더 어렵고, 고등학교 수준은 많이 어려울 것이고, 대학교는 굉장히 많이 어려울 것이다.

대학교 수학을 푸는데 70점 맞는 것하고, 고등학교 수학을 푸는 데 70점의 가치는 엄연히 다른 가치이다. 대학교 70점 가치가 굉장히 높지 않겠는가?

그럼 미국이 대학교 수학을 시험 치는데 60점 나왔다 하고, 대한민국은 고등학교 수학을 푸는데 40점 나왔다고 해 보자.

안 그래도 난이도가 대한민국이 훨씬 유리한 상황에서 점수조차 미국보다 안 나오게 된다면, 누가 봐도 대한민국이 못하고 있는 것 아닌가?

대한민국은 누가 뭐래도 선진국이지만 미국에 비해서는 더 성장할 수 있는 개발도상국이다. 위 수학 시험으로 비교했듯이 이걸 경제성장률로 비유하자면, 엄연히 더 높게 올라가기 더 쉬운 난이도임에도 불구하고 못 올라가고 있는 것이다.

그러면 대한민국의 가치는 당연히 미국보다 더 떨어지는 것이고, 달러보다 원화의 가치가 더 하락하는 것이다.


사실 원화의 가치의 하락의 이유 중에 이것이 근본적인 이유는 아니다. 대한민국 원화의 가치가 더 하락하게 된 큰 이유는 바로 기준 금리에 있다.

대한민국 기준 금리는 3.5% 미국의 기준 금리는 5.5%이다. 지금 미국의 기준 금리가 대한민국보다 1,5% 높게 책정이 되어 있다. 미국의 기준 금리가 더 높기 때문에 미국 달러 가치가 더 높은 것이고 대한민국 원화가 더 낮은 것이다.

미국의 기준 금리가 더 높다는 것은 알겠는데 왜 이것 때문에 달러 가치가 높아지는지 이해가 되지 않을 수 있다. 쉽게 설명해 주겠다.

당신이 은행에 예금을 넣으려고 한다. 대한민국에서 누가 들어도 모르는 사람이 없는 국민은행에서 3.5% 예금을 출시했고, 저 멀리 지방에 이름조차 모르는 은행에서 5% 예금을 출시했다고 한다면 당신은 어디 은행에다 예금을 넣겠는가?

사람마다 가치관은 다를 수 있지만, 지방에 이름조차 모르는 은행이지만 그래도 은행이고 더 이자 많이 주는 쪽으로 가는 사람도 있을 수 있고, 그래도 국민은 행위 규모가 크니까 국민은행으로 갈 것이다.

그럼 만약에 국민은행에서 예금 5%, 지방에 이름 모를 은행이 예금 3.5%를 출시하게 된다면? 지방에 은행 같은 것은 쳐다보지도 않고 당연하게 국민은행으로 갈 것이다.

왜?

당연히 이자도 많이 주면서 국민은행이 가지고 있는 브랜드 네임 가치가 있어 훨씬 안전하다고 생각 들기 때문 아닌가?

그럼 이 비유를 그대로 미국이 국민은행, 지방에 이름 모를 은행이 대한민국이라고 비유해 보면 어떤가?

미국 달러는 전 세계 사람들이 알고 있고 통용되는 화폐시장이고, 대한민국 원화는 무엇인지 관심조차 없는 시장 안에서, 외국인 시점으로 바라보면 달러에 투자하면 5.5% 이자를 주고 원화에 투자하면 3.5% 이자를 준다고 한다면, 정말 당연하게도 어디다 투자하겠는가? 당연히 달러에 투자를 많이 할 것 아닌가?

그래서 원화의 가치를 유지하기 위해선 항상 미국보다 금리가 조금 더 높게 있어야 원화의 가치가 유지가 되는 것이다. 사람들이 원화가 뭔지도 모르는데 금리라도 더 높아야 쳐 달라도 볼 것 아닌가?

과거 데이터를 봐 보면 대한민국 기준 금리는 항상 미국 기준 금리보다 살짝이나 조금 더 높게 책정이 되었다. 원화를 유지하기 위해서. 그래서 대한민국의 기준 금리는 항상 미국에 따라갈 수밖에 없는 나라이다.

　결론은 기준 금리가 미국이 훨씬 더 높게 되다 보니 대한민국의 안 그래도 더 낮아지게 되는 것이다.

　이 대한민국의 가치가 하락된 것으로 정말 무서운 것이 뭐냐면, 같은 달러 1100원 시절에 미국과 한국에 있는 100억 대 자산가가 각자 달러와 원화로 가지고 있다고 가정하고, 아무것도 안 했다고 가정했을 때, 미국 자산가는 100억 원 그대로 가치가 유지가 되지만, 대한민국 100억 자산가는 달러가 1300원대 중반으로 치솟아 오를 정도로 원화의 가치가 20% 하락되어서, 이 자산가는 결국 20% 하락되어 비교하면 100억대와 80억대 자산가가 되는 것이다.

　이 부분에서 이 자산가가 잘못을 한 것이 있나? 아니다, 엄연히 이건 대한민국이 운영이나 성장을 못 해 원화의 가치가 하락된 대한민국이 잘못한 것이다.

　그럼 지금 대한민국이 기준 금리를 올리면 되지 않나? 생각할 수도 있을 것이다. 말하자면.

　못 올리는 것이다.

　왜 못 올리는 것일까? 대한민국 개인이나 기업들 대부분의 자산이 부동산에 몰려 있다. 방금 전 말했던 부동산 리스크를 설명하였을 때 지금 기준 금리 3.5% 오른 시점에서 대부분의 사람들이 허덕이고 있지 않은가? 여기서 금리를 더 올리게 된다면 기업이나 가계 부채가 폭발하게 될 것이다. 그래서 미국처럼 올리는 데 있어서 제한되어 있는 시점이다.

앞으로 미국이 기준 금리 5.5%에서 조금 더 올릴 거라고 전망하고 있다. 그 과정에서 더 올리게 된다면 미국을 따라가야 하는 대한민국 기준 금리 역시 올라갈 가능성이 어느 정도 있는 부분이다.

그런 부분에서 최고의 안전 자산은 달러라고 생각하는 것이다. 그래서 포트폴리오를 만들어 드릴 때 달러는 꼭 추천해 주고 있다.

전체적으로 원화의 가치가 낮진 것이라고 설명하였지만, 사실 미국 시장 안에서 금리인 상의로 인해 통화의 가치가 상승되었고 마찬가지로, 모든 자산 가치가 하락했으며 달러가 상승된 것은 사실이다.

우리가 알아야 하는 부분은, 지금 달러가 강세인데, 어느 시점에 달러가 강세였는지는 과거의 데이터를 통해 알 수 있다. 그것은 바로 금융 위기가 올 때마다 달러의 가치는 더 상승되는 것이다. 그럼 과거의 데이터를 봐 보자.

현재 2022년 우크라이나 러시아 전쟁으로 인해, 원자재 상승으로 모든 자산 시장이 무너지며, 물가가 상승되는 위기를 맞이하였다. 이때 달러의 가치가 상승되었다.

그리고 과거 14년 전으로 돌아가면 2008년 미국의 서브프라임 모기지 사태로 금융시장이 무너지면서, 당시 미국 글로벌 금융 서비스 4위의 규모를 가진 리먼 브라더스 은행이 파산하게 되어 위기가 왔으며 이때 역시 달러의 가치가 상승하며, 1300원 이상 올라가게 되었었다.

11년 전으로 돌아가게 되면 우리 어떤 위기가 있었나? 당시 위기를 겪었던 사람은 떠올리기 싫은 끔찍한 기억일 텐데, 대한민국 외환이 금융시장 달러가 부족한 사태가 일어나서 국가 부도가 일어나게 되었다. 그래서 국제통화기금 IMF에 구제금융을 신청한 사태. 흔히 IMF라고 우리들은 기억하고 있다. 그 시절 달러는 무려 1700원 이상 상승하였고, 그 위기를 겪은 어른들은 생각하기도 싫은 끔찍한 기억으로 남아 있다.

본론으로 들어와서 달러의 평균 가격은 필자가 생각했을 때 1100원 대가 맞다. 그런데 이 달러의 가치가 1300원 이상 올라간 상황은 직격적인 위기를 맞이하였을 때 달러의 가치가 상승되었다.

| 1960년 | 1973년/
1979년 | 1990년 | 1997년 | 2008년 | 2022년 |
| --- | --- | --- | --- | --- | --- |
| 베트남 전쟁 | 오일쇼크 | 걸프전 | IMF | 리먼 브라더스 | 러 / 우 전쟁 |

지표를 통해 위기를 살펴보겠다. 2022년, 2008년 1997년 1990년, 1979년, 1973년, 1960년.

역사적인 통계를 바라보면 7년~14년 사이마다 글로벌 위기를 겪게 되었고, 평균값으로 보자면 10년마다 금융 위기를 겪은 셈이다.

금융 위기가 올 때마다 달러는 강세였으며, 반대로 자산 시장은 무너져 내렸다. 이 의미를 알아야 한다. 우리가 투자자산을 매집하는 관점 안에서 언제든지 리스크가 있는 위험자산 아닌가? 그래서 안전 자산인 달러와 동시에 매집하다가, 위기가 왔을 때, 가치가 상승된 달러를 이용하여 저렴해져 있는 자산을 매집하는 전략을 세우는 것이다.

그럼 우리는 지금 위기 속에서 현재를 살아가고 있기에 앞으로 10년 뒤에 있을 위기를 대비하여 안전 자산인 달러를 모으는 것이 어떨까.

돈의 지배

매달 10만 원이든 20만 원이든 안전 자산인 달러를 모아 보는 것이다.

달러를 모아 가야 하는 가장 큰 이유를 단순한 안전 자산 수준으로만 생각하면 안 된다. 대한민국 국가에서도 달러를 계속해서 모아 두고 있고, 은행에서도 달러를 모아 가고 있다. 왜 달러를 이렇게 모으는지 여러분들은 이해하셔야 한다.

나라에 달러가 부족하게 생겨서 국가부도가 발생했고, IMF 구제금융을 신청하게 되었다. 나라에 달러가 부족하게 되면, 대한민국 화폐가치가 휴지 조각이 되는 것이다. 우리는 이미 27년 전 경험을 통해 달러의 중요성을 깨닫게 되었다. 대한민국에서는 아무리 원화라는 화폐로 유통된다고 하지만, 결국 전 세계에서 사용되는 화폐는 달러이기 때문에 대한민국 화폐를 지키기 위해서 달러를 모아 가는 것이다. 대한민국 국가에서 직접 그리고 은행에서도 달러를 모아 간다. 이들이 이렇게 달러를 모아 가는 이유는 명확하게 큰 리스크를 대비하기 위한 보험인 것이다.

과거 역사 속 경험을 바탕으로 나라에서도, 은행에서도, 그 불행한 경험을 되풀이하고 싶지 않기 때문에 달러를 모아간다. 여러분이 제일 안전하다고 생각하는 은행과, 국가가 더 안전하다고 여겨서 모아 가는 것이 달러인데, 안전을 추구하는 여러분들은 달러를 모아 가고 있는가?

최고의 안전 자산이라 말했지만, 달러에도 리스크가 있는 부분이 있다. 바로 환전 수수료. 달러로 바꿀 때 수수료가 들어가고, 다시 환전할 때 수수료가 들어가서 2중으로 수수료가 빠져나가다 보니 굳이 있다면 이런 수수료 부분이 리스크일 수도 있다.

그리고 '지금 달러가 비싼데, 왜 달러를 모아 가라는 거지?'라고 우려되는 부분이 있을 수 있다. 충분히 일리가 있는 말이다. 그래서 추천해 드리는 포트폴리오는 지금 비싼 달러를 최대한 저렴하게 모으는 방법과 수수료를 거의 안 내게 하는 방법으로 제시하면서 10년 뒤 금융 위기가 찾아왔을 때 40% 이상 수익을 실현할 수 있게끔 포트폴리오를 만들어 드리고 있다.

# 떠오르고 있는 아트테크

백화점 같은 곳에 가면 1층마다 갤러리들이 있다. 들어가서 멍하니 그림을 바라보게 된다. 단순히 찻잔 같은 점 하나 찍혀 있는 그림이고 '뭐 이런 그림이 다 있나?' 생각할 차에, 밑에 가격표를 보고 1억 원이라고 적혀 있으면, 당신은 아마 이런 생각을 하게 될 것이다.

'와, 이 별거 아닌 그림을 1억 원에 판다고? 이걸 사는 사람이 있어?'

우리가 봤을 땐 정말 아무 가치 없는 인테리어용 그림일 뿐일 텐데 1억 원에 판다고 한다면 누가 살려고 할까? 그렇게 놀라움에 금치 못하고 있을 때, 저 멀리 큐레이터가 다가와 그림에 대해 간단하게 설명해주면서 이런 얘기를 한다면 어떤 기분이겠는가?

'이 그림은 여기 전시하자마자 팔렸어요. 이번 전시회 끝나고 바로 나갈 예정이에요.'

점 하나밖에 없는 별거 아닌 그림이 또 1억 원에 팔리게 되었다. 당신이라면 이 상황을 납득할 수 있겠는가? 그린 사람도 어떤 의도인지 모르겠고, 이걸 또 사는 사람도 어떤 의도로 산 건지 이해가 안 되지 않겠는가?

그럼 이런 그림을 1억 원에 주고 사는 사람은 얼마나 돈 쓸 데가 없으면 살까? 남들은 1억 원이 없어서 열심히 돈 벌고 있는데 누구는 1억으로 이런 그림이나 사네.

이런 생각을 할 수도 있다.

당신이 생각했을 때 이 그림을 사는 이가 어떤 사람이고 왜 산다고 생각하는가? 정말 이 그림이 아름다워서 집에 전시해 놓으려고 샀다고 생각하는가?

그림, 미술품이라는 점유물은 가끔 영화나 드라마에서 보면 부잣집 사모님이 나와서 쇼핑하는 것을 볼 수 있다. 진짜 현실에도 저렇게 하는 것일까? 일단 1억 원이나 되는 그림을 자연스럽게 사려면 굉장히 돈이 많은 사람일 것이다.

도대체, 왜? 미술품을 사는 것일까?

사람들이 미술품을 사려는 이유는 투자가치로 좋은 재테크 수단이기 때문이다. 주식이나, 부동산같이 싸게 구입해서 더 비싸게 파는 것처럼 미술품 역시 싸게 사서 비싸게 파는 재테크 수단이기 때문에 구입하는 것이다. 물론 그중에서도 그림을 보고 감동을 받아서 사는 사람들도 있겠지만.

실제로 가끔 부자들의 집을 유튜브나, 방송을 통해서 보게 된다면 여러 그림들이 집에 걸려 있는 것을 볼 수 있다. 일반 사람들은 단순하게 인테리어 소품으로 생각할 수 있지만, 부자들에게는 그것이 재테크 수단이다.

드라마나 영화에서 부잣집 사모님이 그림을 구매해서 소장하는 것 역시 그냥 예뻐서 사는 게 아니라 그 내면에는 재테크라는 명목이 있는 것이다.

미술품 시장은 언제 어떻게 갑자기 상승되는 경우가 많다. 대표적으로 이배 작가님 같은 경우만 해도 그렇다. 숯을 통해서 그림을 그리시는 분인데 꽤 오랜 시간 동안 무명이셨고, 경매시장에 들어가게 되었을 때 유찰되는 경우가 대다수였다. 작가님의 100호짜리 그림이 2018년에 천만 원 정도 했었다. 그러다 갑자기 유명세를 얻게 되면서 100호짜리 그림을 구매하려면 6천만 원에서 많게는 1억 5천만 원을 줘야 구매할 수 있게 되었고, 지금은 경매시장에서 굉장히 핫한 작가님이 되셨다.

2018년도에 천만 원에 구매해서 지금 시점에 1억 5천만 원에 팔게 된다면 무려 15배나 오른 것이다. 부동산이 아무리 돈을 많이 벌어다 준다지만 15배 이상의 수익을 얻으려면 재개발되는 지역에 땅을 사지 않는 이상 굉장히 힘든 부분이다.

이런 가치로 보았을 때 아트테크는 매력적인 부분이 많지만 접근성이 힘들다. 일단 그림에 대해 잘 모르는 부분도 있으며, 접근하려고 해도 가격이 너무 비싸다 보니, 대부분 그림을 접하는 직업군들이, 의사, 변호사, 금융업, 연예인, 기업 대표 등 있는 사람들의 리그고 시장이었다. 일반인들이 접하기에는 어려운 시장이다.

하나 최근에 점점 일반인들에게도 접근되기 시작했다. 나름 SNS나

블로그 마케팅으로 아트테크에 접하게 되었으며, 그제야 미술품 사는 이유가 '돈이 되니까 사는 거구나.'라는 인식을 퍼지게 되었다.

정말 이름 있는 작가님 그림을 구매하기에는 일반인들에게 어렵다 보니 사모펀드로 그림의 지분을 나눠 주면서 투자하는 방식으로 접근하는 사람들도 있다.

그럼 그림의 가치는 어떻게 바라보며 평가해야 하는 것일까?

정말 내가 봤을 땐 예쁜 그림이지만 가격이 싼 그림도 있고, 별거 아닌 그림인데 억대를 넘어가는 그림이 있다.

이런 부분에 대해서는 부동산에 비유하고 싶다. 정말 멋진 호화스러운 저택이 있다고 쳐 보자. 누가 봐도 이 궁전 같은 저택이 정말 비싸 보이지만, 만약 위치가 강원도 최전방, DMZ 근처 산골짜기에 있다면 이 저택의 가치는 얼마나 할까? 아무리 예뻐도 굉장히 저렴하지 않겠는가?

정말 허술하고 낡아빠진 누가 봐도 형편없는 빌라지만, 이 빌라가 강남 중심지에 있다면 굉장히 비싸지 않겠는가?

부동산에 가장 중요한 것은 무엇인가? 바로 위치에 따라서 가격이 천차만별로 차이가 난다.

그림도 역시 마찬가지. 미술품이 건물이라면, 작가는 부동산의 위치라고 생각하면 된다. 이름 없는 작가가 그림에 점하나 찍으면 그냥 종이 쪼가리가 될 수도 있지만, 지금 대한민국 살아 계시는 작가님 중에서 가장 유명한 이우환 작가님이 점 하나 찍으시면 그 그림은 1억 원 이상의 가치를 갖게 된다.

결국 작가님의 이름으로 그림의 가치는 평가되는 것이고, 미술품을 살 때는 미술품을 보고 사는 것이 아닌 작가님을 보고 사는 것이다.

그 와중에 작가님이 만드는 미술품들은 엄연히 한정되어 있지 않은 가? 세상 모든 물건들은 무한하지 않고 한정되어 있기 마련이지만, 작가님이 그리는 그림은 오로지 본인 스스로만 만들어 내기 때문에 다른 물건이나, 주식, 부동산에 비해서 공급량은 현저히 더 적은 것이다.

작가님이 활동을 많이 하시면서, 유명세를 얻고 인기가 많아지게 되면, 사람들은 작가님에 대해 관심을 가지게 되고, 그 과정에서 그림을 사려고 하는데, 나와 같은 사람들이 많다 보니깐 사려는 사람은 늘어나게 되고, 때문에 공급되는 그림의 양은 주식이나 부동산과 다르게 현저히 더 적은 것이다.

그런 식으로 작가님의 그림의 가치가 상승이 되고 더욱 유명세를 얻게 되면 될수록, 사람들은 그 그림을 구매하기 위해서 더욱 찾아다닐 것이고, 수요가 많아지면 많아질수록 작가님의 그림의 가치가 더 오르게 되는 것이다.

그런 시장으로 부자들은 과거에서부터 지금까지 미술품을 수집하고 소장하는 컬렉터가 되었다. 삼성전자 재벌 고 이건희 회장님 역시 그렇게 미술품을 소장하다 세상을 떠나셨다. 이후 공개된 고 이건희 회장님 수집품만 감정 평가했을 때 7조 원에서 10억 원 정도의 가치를 가지고 있었다고 하며 그 모든 미술품은 국가에 기증하셨다고 한다.

그럼 고 이건희 회장님이 미술품들을 수집하는 이유가 단순 돈이 많아서일까? 이건희 회장님은 철저하게 자본주의인 사람로 알려진 분이 시기에 수집하더라도 돈이 되는 미술품만 수집하였을 것이다. 총 수집 하신 미술품 숫자만 1만 4천여 점 정도 되시며 그 가치가 감정평가가 7조 원이라고 했을 때 든 생각은 '이 작품을 수집하기 위해서 과연 7조 원이나 들었을까?'였다. 얼마나 들었을지는 아무도 모르지만 7조 원보다 훨씬 더 안 된 돈을 들여서 구매하셨을 거라고 생각한다.

대한민국 최고의 재벌인 고 이건희 회장님은 미술품을 어마어마하게 소장하셨고, 그 밑에 있는 부자들도 미술품을 수집하고 있다. 이렇게 수집하는 이유는 당연히 돈이 되니까 수집하는 것일 거다.

그럼 미술품이 투자가치로 매력적인 부분은 무엇일까?

이 역시 어느 정도 안정적인 투자이기 때문이다. 어느 정도 인지도가 보증된 작가님의 그림 같은 경우에는, 어느 정도 오르락내리락하실 수 있지만, 꾸준히 우상향 해서 올라가게 된다.

정말 유명한 작가님들의 그림은 평균가를 호당으로 책정해서 말하는데, 여기서 말하는 호당이란 그림의 크기를 말하며 10호, 50호, 100호 이런 식으로 표현한다. 우리가 아파트 평당 얼마라고 말하는 것처럼. 그림은 호당 얼마 이런 식으로 가격을 얘기하며 호당 100만 원이라고 말하면 100호짜리 큰 그림은 1억 원이라고 가격이 보통 책정된다.

그리고 한번 책정된 작가님의 미술품 시세는 보통 잘 떨어지지 않다 보니, 투자자산으로 굉장히 매력적인 것이다. 특히 더욱 매력적인 부분은, 2022년 금리 인상으로 모든 자산 가치, 주식, 부동산들이 내려가게 되었을 때 미술품의 가치는 되려 상승하게 되었었다.

돈의 지배

과거 2008년 리먼 브라더스 사태 때 미국 주식시장이 폭락하게 되자, 몇몇 능력 있는 투자 애널리스트들은 고객들의 자산들을 미술품으로 포트폴리오를 변경해서 다른 사람들 자산에 큰 손실이 나게 되었을 때 미술품으로 방향을 바꾼 사람들은 하락장인 시장에서도 큰 이득을 보았었다.

미술품의 매력은 이것이다. 검증된 작가님은 꾸준히 상승하는 것이라는 것.

지금 생존해 계신 작가님들 중에서 정말 이름 있는 작가님들, 이우환, 이건용, 박서보, 이배, 전광영, 이강소 등 경매시장에서 정말 핫한 작가님들의 그림들을 30년 전에 무명 시절 100만 원에 구매하게 되었다면 현재에 이 그림의 가치는 어마어마하게 올랐을 것이다.


필자는 일단 아트 커넥터로도 활동하고 있지만, 여러분들이 미술품 재테크에 관심을 가지고 시작하고 싶다면, 미술품 투자하는 방법에 대해 간단하게 설명해 주겠다.

대한민국엔 정말 수많은 작가님들이 계시는데, 이 중에서도 좋은 작가님을 선정해서 투자를 해야 하지 않겠는가?

그럼 수많은 작가님들 사이에서 어떤 작가님이 뜰 것이고, 어떤 작가님이 유명해질 것인지 여러분들이 찾고 싶다 하면 팁을 하나 주겠다.


1. 작가님의 연혁을 살펴보자.

인터넷에 검색하면 작가님들 연혁이 나오면서 어떤 식으로 활동하였는지 나오게 된다. 우리가 보통 취직하기 위해서 이력서를 쓰고 이력서에 나의 경력을 적어서 면접관에 어필하는 것처럼 본인 스스로가 면접관이 되어 작가님들의 이력을 보고 판단하자.

그 과정에서 작가님이 어느 대학교에 나왔는지 살펴보자. 대한민국 미술 대학교로는 홍익대학교가 제일 우선순위이며, 그다음이 서울대학교이다.

2. 작가님의 그림이 국립 현대미술관에 걸려 있는지 확인하자.

홍익대학교 나왔으며, 연혁도 마음에 들었으면 국립현대미술관에 들어가 작가님의 그림이 전시되어 있는지 확인해 보자. 국립현대미술관은 국가가 직접 운영하는 미술관으로서 그곳에 전시되어 있다면 나라에서 직접 인정한 작가라는 의미이다.

3. 어떤 사람이 소장하고 있는가?

이 작가의 그림을 누가 어떤 사람이 소장하고 있는지 파악하면 좋다. 만약 내가 사려는 그림이 재벌가에 걸려 있고, 유명 연예인의 집에 걸려 있으며, 해외 인사들이 극찬을 했다면 더욱 가치가 상승되지 않겠는가? 그런 점을 주시해야 한다.

4. 연령이 어떻게 되는가?

작가님의 나이를 항상 주시해야 한다. 크게 두 가지 이유가 있는데, 미술품의 가치가 급상승하게 될 때가 있다. 보통 작가님이 세상을 떠나게 되시게 된다면, 작가님의 그림이 더 이상 공급할 수 없게 되고, 세상에 남아 있는 작품들은 다 유작이 되기 때문에, 더 이상 계시지 않게 된다면 그림의 가치는 상승하게 된다. 그래서 보통 나이가 많은 작가님을 본다.

그래도 나이가 엄청 많은 사람이 아닌데도 요즘 트렌드에 맞는 작가님이라면 추천한다. 필자 역시 눈여겨보는 작가님이 계신데 나이가 엄청 많으신 분은 아니다. 그래도 너무 젊은 사람은 피하는 편이다. 젊은 사람이고 유명세를 얻고 있는 중에 가치가 급상승하는 작가님들이 계시긴 하다. 한 200만 원~300만 원 정도는 투자할 만하지만 그래도 좀 피하는 편이다.

왜냐하면 젊은 나이에 작가님이 큰돈을 벌게 되면, 사회적 물의를 일으키는 사고를 발생할 수 있기 때문이다. 어느 정도 나이 있으시거나, 정말 많으신 분들은 그런 일이 없을 확률이 높은데 피가 끓는 젊은 나이에는 가능성이 있기 때문이다.

혹시나 마약이라도 손을 대서 큰 물의를 일으키게 된다면 이 그림은 투자가치고 뭐고 아무 쓸데없는 종이 쪼가리가 될 수도 있는 리스크가 있다.

지금까지 아트테크에 대해 간략하게 설명해 주었는데, 여러분의 지금 재무적으로 고민은 무엇인가? 어떻게 하면 돈을 더 벌 수 있지? 아니면 돈을 더 많이 불릴 수 있지? 등 여러 가지 고민들이 있을 것이다. 그러면 부자들의 고민은 무엇일까? 여러분들이 생각할 때는 부자들이 재무적으로 어떤 고민을 가장 많이 할 것 같은가? 바로 세금이다.

대한민국에서 부자가 되면 될수록 앞서 설명했듯이 누진세가 적용되어서 세금을 더 많이 내게 된다. 현재 대한민국에서 정말 열심히 일해서 부자가 되는 사람들이 전보다 더 많이 보이기 시작했다. 그렇게 부자가 되면 될수록 그들은 경험해 보지 못한 어마어마한 세금을 체험하게 된다.

그렇게 세금을 줄이기 위해서, 렌털이라든가, 소득공제, 세액공제, 비용 처리 될 수 있는 것들을 찾아보면서 세금을 줄일 수 있는 방법들을 알아보고 세무사와 상담을 하게 될 것이다.

가끔 "돈도 많으면서 그냥 세금 제대로 내시지."라고 가끔가다 말하는 사람들이 있다. 다음 사례를 들어 보면 생각이 바뀔 것이다.

부자들의 정말 큰 고민 중 하나는 증여와 상속세에 있다. 살아생전 자수성가하여 성공한 아버지가 100억 원짜리 아파트를 아들에게 물려주려고 한다. 100억 원의 아파트를 증여하게 된다면 30억 원 초과이기 때문에 50%의 세금이 과세된다. 그러니 즉 50억 원 세금을 내야 아들에게 물려줄 수 있다. 50억 원, 남들은 구경도 해 보지 못한 금액을 세금으로 내야 하는 것이다. 물론 재산이 많으시겠지만, 50억 원이란 세금을 내고 싶어 할까?

그럼 살아생전에 저렇게 많은 세금을 내야 하니 죽으면 바뀌려나? 죽어서도 상속세를 내야 하기 때문에 피차일반이다. 세금이라는 것은 죽어서도 사라지지 않는다.

아무리 돈이 많아도 저런 식으로 세금을 부과해야 한다면 누구도 내고 싶지 않을 것이다. 그런데 아파트는 취득 신고가 되어 있는 자산이기 때문에 아들에게 몰래 물려줄 수도 없지 않은가?

부자들은 세금에 대해 고민이 되지 않겠는가? 어떻게든 세금을 줄여서 자산을 키우고 싶지 않겠는가?

그런 시장에서 부자들은 미술품에 접근한다. 최근 넷플릭스에서 개봉한 시리즈 〈더 글로리〉에서 보면 악역 중에 이사라가 나오는 장면에서 나오는 대사가 있는데 세금 관련 이슈와, 부자들이 내는 종합소득세라는 부분 말이다.

부자들은 벌어들이는 세금을 줄이는 방법에서 미술품을 사는 방법도 있다. 한 점당 천만 원까지 비용 처리가 가능하기 때문이다. 그리고 미술품은 부가세가 붙지 않는다.

부동산이나 자동차를 사게 되면 보통 취등록세를 내야 하고 1년에 한 번씩 재산세, 자동차세를 내야 하지만, 그림은 취등록세나 재산세를 내지 않는다.

미술품 시세 차익으로 소득이 발생했을 때 양도 차익이 6천만 원 미만이거나 국내 생존 작가일 시 면제된다. 국내 생존 작가가 아니거나 외국인 작가 같은 경우에 6천만 원 이상 양도 차익이 발생되면, 1억 원 이하 수익이 발생할 때 90%까지 경비로 공제를 해 주면서 남은 10%의 비용에 22%만 내면 된다.


ex) 9천만 원 양도차익 발생. 90% 공제 900만 원에서의 22% 198만 원 세금 발생

그럼 1억 원 이상 수익이 발생했을 시 80%를 필요경비로 공제해 주고, 20%에서 22% 세금이 발생되는데 소유 기간이 10년이 지나면 80%가 아니라 90퍼로 공제해 준다.

ex) 2억 원 양도차익 발생. 80% 공제 4천만 원에서의 22% 880만 원 세금 발생

10년 소유 시 2억 원 양도차익 발생. 90% 공제 2천만 원에서의 22% 440만 원 세금 발생

앞으로 상속세를 내게 될 때, 국가에서 직접 미술품으로 대납이 가능하게끔 나라에서 인정하게 해 주었다. 나라에서도 미술품이라는 가치를 투자 자산으로 인정한다는 얘기다. 그렇기 때문에 부자들은 세금을 아끼면서 투자 자산으로 미술품에 투자를 하게 되는 것이다.

6장

# 부자들의 가치

# 노력과 가치

　부자가 되기 싫어하는 사람은 아마도 없을 것이다. 모두들 부자가 되길 바란다. 왜 부자가 되고 싶은가? 부자가 되면, 내가 가지고 싶은 거, 먹고 싶은 거 모두 다 마음껏 즐기면서 편하게 살 수 있기 때문일 것이다.

　가장 큰 목적은 바로 개인의 완벽한 자유이지 않을까?

　우리는 지금 돈을 벌어 가고 있는 과정에서 누군가는 억지로 일한다는 느낌을 받을 수 있고, 누군가는 생존을 위해서 일한다고 생각할 수도 있다. 단순히 일이 재미있어서 하는 사람들은 많이 없을 것이다.

　우리가 추구하는 것은 완벽하게 나만을 위한 자유로운 삶이다. 이 자유를 느끼기 위해서는 돈이 필요하다. 그래서 요즘 경제적 자유라는 말이 나오는 것이며, 경제적 자유를 얻은 사람들의 표정을 보면 정말 자유로워 보인다.

　막말로 당신의 통장에 매달 1억 원씩 돈이 들어오게 된다면 당신은 무엇을 할 것인가? 당장 직장에 사직서 내고 자유로운 영혼이 되어서 돈이 없어서 하지 못했던 것들을 즐기면서 살아가지 않겠는가?

우린 이런 인생의 자유를 얻기 위해서 부자가 되려는 것이고, 부자가 되기 위해서 노력하는 건데 현실을 바라보면, 부자는커녕 생존하는 것조차 어려운 곽곽한 현실이다.

돈이 많으면 완벽하게 자유로운 삶이고, 돈이 적당히 있으면 내가 일에서 자유롭지 않지만 어느 정도 그럭저럭의 삶이고, 돈이 없으면 생존에 문제가 생긴다.

'돈이 있느냐 없느냐.'에 따라서 누구는 자유를 얻고, 누구는 생존의 문제가 생긴다.

모두가 공평하고 자유롭게 다 똑같이 나누면 좋지 않을까? 하는 어마어마하게 말도 안 되는 사회주의, 공산주의적 생각을 한다면 그 생각은 접어라. 절대로 세상은 모두가 공평한 가치를 제공할 수 없는 노릇이다.

모두가 공평하게 시작할 수 있지만, 그 살아오는 인생의 굴레 안에서 누구는 정말 열심히 일하면서 관리해서 부자가 되어 그 가치를 인정받아 인생의 자유를 얻을 수 있는 반면에, 누구는 일하기 싫다면서 대충대충 일하면서 일 끝나고 매일 술 마시면서 돈이 벌리는 대로 족족 쓰고 남는 게 하나 없는 사람처럼 산다면, 이 사람 역시 경제적 자유를 얻어야 하는 인생의 가치인가?

사람이 부자가 되고 안 되고는 그만한 노력과 가치를 인정받았기 때문에 자유를 손에 얻을 수 있는 것이고, 그 가치에 노력하지 아무 노력하지 않고 대충 살면서 준비를 하지 않은 사람들은 자유는커녕 노후에 고통받으면서 살게 된다.

물론 그중에 남들 등골 빨아먹으면서 사기 치거나 불법적인 일을 해서 부자가 된 사람이 있다면 제발 좀 잡혀서 감옥에서 평생 썩길 바란다. 물론 대한민국 사법은 후하다 보니 평생 감옥에 들어가지 않을 수 있겠지만.

　그럼 전에도 말했지만 부자는 가난한 사람들과 어울려 다니려 하지 않는다. 자수성가해서 처음부터 끝까지 모든 것을 만들고 이루어 낸 부자가 그 시간 동안 받았던 고통과 노력이 정말 어마어마했을 것이다. 그런데 그런 사람이 대충 일하면서 매일 술 마시고 있는 가난한 사람과 친하게 지내고 싶어 할까? 아니면 경멸하게 될까?

　학창시절 필사적으로 공부하면서 노력한 이유가 무엇인가? 부자가 되려고 공부하는 것인가? 아니다, 절대 착각하면 안 된다. 학창시절에 미친 듯이 필사적으로 노력하고 공부한 이유는 내가 더 좋은 직업을 가지기 위함이지 절대 부자가 되려고 공부하는 것이 아니다.

　당신이 만약 부자가 되기 위해 공부하는 것이었다면, 돈에 대해 공부를 해야 하는 것이었다. 절대 국, 영, 수, 사, 과를 공부한다고 해서 부자가 되는 것이 아니다. 그것은 단순히 더 좋은 직장을 구하기 위해 공부하는 것이고 부자가 되는 방향성은 아니다.

　지금 직장에 들어와서 돈을 벌고 있는 여러분에게 하고 싶은 말이 뭐냐면, 학창시절 때 공부를 못해서 좋은 직업을 가지지 못했다고 느끼신다면 괜찮다. 학창시절 때 미친 듯이 공부해서 대기업 들어가더라도 부자가 되는 것은 아니다. 단순히 지금의 나보다 돈을 많이 버는 것일 뿐 아직 부자는 아니다.

사회생활 안에서의 출발 지점은 엄연히 다를 수 있다. 과거 공부했던 내 노력과 결과치에 따라 누구는 더 많이 버는 시점에서 시작하고, 누구는 더 적게 버는 시점에서 시작하게 될 수 있다. 이 과정에서 절대로 불공평하다고 생각하면 안 된다. 그게 그 사람의 노력과 가치에 대한 보상이기 때문이다. 조금 뒤쳐진 나는 앞으로 노력하면 된다.

그러니 지금부터의 시작이 중요한 것이다. 다시 한번 말하지만 좋은 직장을 가졌다고 해서 부자가 되는 것이 아니다. 조금 유리하게 시작할 뿐이지.

지금이라도 허리띠 단단히 메고 내가 부자의 마인드, 부자의 행동, 부자의 생각을 가지고 자산을 만드는데 집중하고, 보완하고 만들어 간다면, 처음 시작점이 좋았던 대기업 다니는 사람들을 언제든지 제칠 수 있는 것이다.

그렇기 때문에 지금 시간을 어떻게든 부자가 되려는데 집중해야 하고, 돈에 관심을 가져야 하며, 내가 벌어들이는 소득에서 금융자산을 만들어 가는 데 집중해야 한다.

이걸 아무리 말해 줘도 못 하는 사람들이 천지에 널렸다. 아니, 못 하는 사람이라고 표현하기보다 안 하는 사람이라 말하는 것이 낫겠다. 부자들이 하는 행동 그냥 똑같이 하면 되는데 그건 온갖 핑계를 다 대면서 안 한 거다.

늘 세상에는 우리들에게 기회를 준다. 우리는 그냥 외면한다. 관심 없다면서. 그건 그냥 가난하게 살겠다고 선언한 것이다. 그러면서 늘 부자가 됐으면 좋겠다고 말한다. 이것은 모순이다. 부자가 될 행동을 스스로가 안 하는데 부자가 되고 싶다고 말하는 것은 어떻게 받아들여야 하는 것인가?

그러면 어떻게 해야 할지 모르겠는가? 알아보려고 노력이라도 해 보았는가? 유튜브 보면서 일확천금 얻은 사람들 영상 보면서 따라 하다가 손실 크게 입고 알아보았다고 얘기하는 거라면 알아보았다고 얘기하면 안 된다. 그것은 그냥 당장 큰돈을 얻고 싶어 하는 투기성 마음이지 절대 부자가 되겠다는 마음이 아니다.

정 모르겠으면 상담을 받아 봐라. 재무 설계해 주는 사람들은 많이 있을 것이다. 직접 찾아가서 도와 달라고 해 봐라. 안 도와줄 사람이 어디 있겠는가? 다 도와줄 것이다.

그래도 지금 상황에서 벗어나고 싶은데 어떻게 해야 할지 모르겠고 생각만 하고 고민만 한다면 그냥 평생 행동하지 못하고 가난으로 끝날 것이다. 당장 나서서 인터넷으로 공부를 하든 뭘 하든, 방향성을 못 잡겠다면 상담을 받든 뭐든지 해라. 본인이 부자가 되기 위해 그만큼 시간과 노력을 투자해라. 그래야 부자가 될 수 있다. 필자는 아직 부자는 아니지만 매일 아침 일찍 출근해서 저녁 늦게 퇴근하고 주말까지 회사 나와서 일하면서 노력하고 있는 중이다. 그만큼 노력해도 아직 부자가 되기 멀고 힘들다. 여러분들이 정 원한다면 당장 알아보거나 모르면 상담이라도 받아라.

# 당신이 부자가 되지 못하는 이유

　부자가 된 사람들은 정말 손에 꼽을 정도로 많이 없다. 그만큼 부자가 되는 것은 어렵기 때문이다. 정말 무서운 것은 부자들의 재산이다. 전 세계 상위 1% 부자들의 재산이 하위 80% 사람들의 재산보다 비교할 수 없을 정도로 훨씬 많다.

　부자들은 소수에 있지만, 그들의 재산은 전 세계 재산을 거의 대부분을 가지고 있을 정도로 정말 많은 부를 이루고 있다. 이런 재산을 여러분에게 나눠 주면 모두가 편하게 살 수 있지 않을까? 말도 안 되지만 그런 생각을 해 본 사람도 있을 것이다. 과연 부자들이 여러분에게 자신의 재산을 나눠 주게 될까? 물론 절대 아니다. 여러분조차 남한테 재산을 나눠 주고 싶지 않을 텐데 부자가 왜 나눠 줘야 한단 말인가?

　여러분들이 부자를 보았을 때 어떤 모습으로 보는가? 그냥 탐욕스러운 돼지처럼 보이는가? 그들 역시 본인의 시간과 노력을 가난한 사람들보다 더 열심히 했기 때문에 만들어 낸 것인데 왜 그 시간과 가치를 보지 않는 것인가? 물론 불법적으로 남의 돈을 사기 쳐서 벌어들인 놈들은 탐욕스러운 돼지이다.

대한민국 스포츠 스타 중 대표적으로, 손흥민, 류현진, 김연아를 보면 모두들 그렇게 돈을 많이 벌고 싶어 하고 멋진 모습으로 성공했다고 말한다. 그들이 부럽기만 하다.

성공한 연예인들이 방송에 나와 본인들의 휘황찬란한 집을 공개한다. 그러면서 '쟤는 얼굴이 예쁘니까, 잘생겼으니까.' 생각하면서 시기 질투만 한다.

그 사람들이 과연 단순히 스포츠를 한다고 해서 이렇게 성공해서 돈을 많이 번 것일까? 연예인이 단순히 잘생기고 예뻐서 돈을 많이 버는 것인가? 그렇게까지 되기의 과정은 생각하지 않는가?

그 운동을 정말 잘하고 싶다는 목표로 남들 놀고 있을 시간에도 혼자 나와서 운동을 하는 사람들이다. 특히 김연아 선수 같은 경우에는 피겨스케이팅 환경이 좋지 않아서 사람들 많은 롯데월드 스케이팅장에서 연습하고 있었다.

그 사람들이 그 자리에 설 수 있었던 것은, 그만큼 남들보다 더 피 토하는 노력을 하면서, 수많은 경쟁에서 이겨 냈기 때문에 그 자리에 설 수 있었으며, 그 과정에서 정말 좌절과 수많은 눈물을 흘렸을 것이다.

그런 엄청난 노력과 경쟁에서 이겨낸 스포츠 스타처럼 부자들 역시 노력과 경쟁을 이겨 내서 부자가 된 것이다. '우리는 저 사람 성공했네, 부자가 되었네.' 부자가 된 것을 바라보는 것이 아니라 부자가 된 과정에 집중해야 한다.

그 수많은 경쟁에서 피 토하면서 살아남은 사람들의 시간과 가난한 사람들의 시간은 다르다. 부자들은 어떻게든 자신의 시간을 노력으로 가치를 만들어 냈고, 가난한 사람들은 '내가 뭐 때문에 안 됐어, 뭐 때문에 못 했어.'라고 말하면서 변명하기 바쁘다. 과연 부자들도 그런 변명을 댈 만한 상황들이 없었을까? 손흥민 과거 시절을 보면 정말 가난하게 살아가는 과정 안에서 어떻게든 꿋꿋이 그 상황을 이겨 내고 스포츠 스타가 되어 부자가 되었다. 그뿐만 아니라 지금 대한민국엔 정말 가난하게 살아서 미친 듯이 열심히 살아서 자수성가한 부자들이 많이 늘어나고 있다.

그 사람들 형편을 보면 정말 세상이 불공평할 정도로 상황이 안 좋아 그 누구보다 변명을 크게 하며 말하더라도 모든 사람들이 토닥여 주면서 맞는 소리라고 들을 정도로 안 좋아도, 변명하지 않고 이겨 내서 부자가 되지 않았는가?

내가 당장 벌어들이는 돈이 적어서 돈을 모으지 못한다고 말하는 것은, 당연하게 '부자는 되지 못하고 평생 가난하게 살겠다.'라는 소리밖에 더 되지 않겠는가?

진짜 가난을 이겨 내고 자수성가한 사람들이 왜 부자가 되었겠는가? 그 사람들 얘기를 들어 보면 부자가 되고 싶다는 열망도 있었지만, 더 큰 것은 가난에서 벗어나고 싶다는 욕망이 더 크게 앞섰기 때문에 노력한 것이다. 그 노력의 바탕으로 인생의 좋은 습관을 가지게 되고, 그 관을 바탕으로 어느새 가난에서 벗어나게 되었다. 가난에서 벗어난 시점에서 좋은 습관을 계속 유지하면서 더욱 살아가다 보니 어느새 부자가 되었고, 같은 시간 속에서 남들보다 더한 경험을 겪고 살아남게 되어서 부자가 되었다.

 당신이 소득이 적어서 절대로 부자가 될 수 없다고 생각할 수 있다. 아무리 관리를 잘 받더라도 부자의 레벨로 올라가기 어려울 수 있다. 인정한다. 필자 역시 무조건 부자로 만들어 줄 수는 없는 노릇이다. 환경이 안 좋고, 소득도 너무 안 좋은 상황에 물려받을 재산조차 하나도 없는 사람을 관리 하나만으로 부자를 만들어 드릴 수는 없다. 그래도 최소한은 가난하게 만들어 주지 않을 자신은 있다.

 여러분은 한 번이라도 더 생각해야 한다. 지금 여러분이 보내고 있는 시간과, 가치와, 노력들이 나는 가난으로 가고 있는가? 가난에서 벗어나려고 하고 있는가? 아니면 부자가 되려고 하고 있는가?

 소득이 적더라도 부자가 하는 방식대로 돈을 관리한다면, 부자가 되거나, 부자가 되지 못하더라도 최소한 가난에서는 벗어날 것이다.

 반대로 고민만 하거나, 고집대로 그냥 열심히 저축만 한다면, 가난에서 벗어나기는커녕 계속 가난해져서, 당신 자식들까지 가난해질 것이다. 왜냐하면 위에 설명했듯이, 결국 가난은 대물림이기 때문이다.

 아예 돈에 대해 생각이 없고, 저축 하나 없이 벌어들이는 대로 모든 돈을 다 쓰게 되면 일반적인 가난을 넘어선, 가난을 가지게 될 것이다.

 당신은 가난해지고 싶은가? 아니면 가난에서 벗어나고 싶은가? 가난에서 벗어나 부자가 되고 싶은가? 정말 잘 생각해 보아라. 내가 지금 돈을 벌어들이고 있는 시간에 무엇을 집중해야 하는지.

# 부자들은 여러분이 부자가 되지
# 않길 바란다

신안 염전 노예 사건을 아는가?

당시 세상에 공개되었을 때 수많은 사람들의 분노를 일으킨 어마어마한 현대판 노예 사건이다. 염전에 가면 큰돈을 벌 수 있다는 말에 속아 하루 5시간도 잠을 자지 못한 채 월급 30만 원만, 시급으로 약 130원 정도만 지급하고 사람들을 부려먹었으며 그 과정에서 매일같이 염전 주인에게 도망치지 못하도록 폭행당했다.

대부분 피해자들은 사회적 약자이기 때문에 더 사람들이 분노를 하였던 사건이지만, 이 과정에서 염전 주인은 피해자들이 거의 공짜로 자기가 할 일을 대신해 주니 어마어마한 수익을 가만히 앉아서 벌고 있었다.

이 염전 주인에게 노예는 가만히 앉아서 아무것도 안 해도 돈을 벌어다 주는 기계다 보니 노예가 이 섬을 떠나거나 도망치는 것을 가장 크게 걱정하였을 것이고, 그렇기 때문에 감시도 철저하게 하고 매일같이 폭행했을 것이다.

염전 주인은 평생 동안 이 노예처럼 일하는 사람들이 이 섬을 떠나지 않고, 자기 밑에서 돈을 벌어다 주었으면 할 것이다.

정말 수많은 사람들이 분노한 사건이지만, 실상은 생존을 위해 살아가는 우리 역시 큰 시점에서 바라보게 된다면 염전 노예나 마찬가지이다. 물론 이 비인간적인 안타까운 사건과 비교하는 것 자체가 도덕적인 관점으로 보면 말도 안 되겠지만, 자본주의에서 살고 있는 대부분의 노동자들의 계급은 결국 노예일 뿐이다.

여러분들은 지금 하루를 일하면서 생존을 위해 먹고살고 있는 중이다. 필자 역시 아직 부자가 아니다 보니까 생존을 위해서 일하는 것은 매한가지이다. 당신이 사업을 하는 것이 아닌 회사를 다니고 있다면, 결국 이 자본주의 피라미드는 누군가를 대신해서 일을 하고 돈을 벌어들이면서 생존을 위해 일하고 있는 시스템이다. 그 끝에는 투자자들을 위해서 일하고 있는 시스템이고, 투자자들은 자기의 자본을 통해 돈을 우리를 대신해서 돈을 벌어들이고 있다.

아무리 투자자가 돈을 통해서 남을 대신 시켜 돈을 벌어다 주고 있는 시스템이라지만, 여기에 가장 큰 리스크가 있다. 투자를 하든 뭐를 하든 결국 누군가 일을 해야 돈을 벌어들이는 것 아닌가? 투자를 했는데 아무도 돈을 벌기 위해서 일을 하지 않게 된다면, 결국 투자금만 날리는 것 아니겠는가?

결국에는 돈을 벌어들이기 위해서는 노동을 할 근로자가 필요한 것이다. 근로자가 많으면 많을수록 좋다. 근로자가 한 명만 있다면, 이 한

명에 대한 값만 벌어들일 것이고, 두 명이면 한 명보다 2배는 벌어들이지 않겠는가? 100명이면? 한 명이 벌어들이는 금액과 비교하였을 때 백 배를 벌어들일 것이고 천명이면 천 배를 벌어들일 것이다.

이런 근로자들은 본인들의 생존을 위해 일을 하는 것이고, 결국은 이 일을 할 수 있게 도와주신 투자자를 위해 일을 하는 것이다.

그러면 만약에 당신이 근로자라고 해 보자. 생존을 위해서 내가 열심히 일을 하고 대가로 급여를 약 200만 원 정도 받은 후, 돈 관리 하나도 안 하고 돈 버는 대로 명품 사고, 술 마시는 것을 반복하고 있다 해 보자.

이 근로자는 이렇게 일하고 돈을 버는 것을 좋아할까? 당연히 안 좋아할 것이다. 일하는 것보다 당연히 노는 것이 더 좋고, 자기가 가지고 싶은 명품들을 가지고 싶어 할 것이며, 좋은 차를 타고 다니고 싶지만, 돈이 없어서 마음대로 못하고 있지 않은가?

이 근로자는 자기의 시간을 투자에 그거에 대한 합당한 급여를 받아 자기가 사고 싶은 것을 사고 하루하루 생존해 나가면서 살고 있다. 물론 그 과정에서 일하고 싶지 않을 것이다.

근데 갑자기 이 근로자가 로또 1등에 당첨되어서 30억 원이 들어왔다고 해 보자. 그럼 이 근로자는 지금 하고 있던 일을 계속할 거라 생각하는가? 부자가 되었다는 생각에 지금 하고 있는 일을 때려치우고 나가서 그동안 못 했던 것들을 하면서 살아갈 것이다. 그럼 회사에서는 그 사람 몫만큼 일할 사람을 다시 고용하지 않겠는가? 별 큰 문제가 되어 보이진 않을 것이지만.

그럼 만약에 여기 회사에 근무하는 모든 근로자가 갑자기 30억 원씩 생기게 되었다고 한다면 어떻게 되겠는가? 모든 사람이 이 회사를 그 만두고 하고 싶었던 것들을 즐기며 자유를 찾아 떠나지 않겠는가? 그렇게 회사에 모든 사람이 떠나게 되면 이 회사를 위해 일을 하고, 돈을 벌어다 줄 사람이 모두 없어지지 않겠는가?

투자자들과 대표는 자기를 대신해서 돈을 벌어다 줄 노동자들이 필요한데, 생존을 위해 일을 하고 급여를 받던 모든 노동자들이 갑자기 돈이 많이 생겨서 나가게 된다면, 더 이상 돈을 벌어다 들일 수 없는 처지에 생기지 않은가?

그럼 다시 노동할 사람들을 뽑아야겠는데, 어이쿠, 세상 모든 사람들이 모두 부자가 되었다고 해 보자? 누가 이 회사에 들어와서 일을 하겠는가? 아무도 일을 안 할 것이고, 일하는 사람이 아무도 없게 되자, 경제는 멈추게 될 것이고, 경제가 멈추게 되면, 그렇게 사회는 멸망하게 된다.

물론 위와 같은 일은 현실에서 절대 일어날 수 없는 일이다. 모두가 부자가 된다는 것은 어설픈 공산주의, 사회주의인 그냥 망상일 뿐이다. 물론 모두가 부자일 정도로 어마어마한 복지가 있는 산유국 카타르 같은 나라도 있긴 하다.

모두가 부자가 될 수 없다. 모두 똑같이 부를 나누게 되는 것은 결국 부자가 아니라, 모두가 공평하게 살자는 공산주의일 뿐이고, 그 공산주

돈의 지배

의 역시 망상에 불과한 사상이다 보니 멸망을 초래하게 되었다. 모두가 똑같이 사는데 굳이 열심히 일을 할 필요조차 없는 세상인데, 세상의 이치가 돌아간다는 것 자체가 말도 안 되기 때문이다.

그렇게 공산주의에 시초인 소련은 결국 붕괴되었고, 아직 공산주의를 유지하고 있는 대표적 국가인 중국은 공산주의 체제를 유지하고 있었지만, 경제시장에서 아무런 발전이 없다 보니 자본주의를 받아들임으로써, 체제 자체는 공산주의지만, 자본주의적 혼합 경제체제이다.

그런 공산주의 체제를 제일 비슷하게 따라 하고 있는 나라가 북한인데, 북한 안에 있는 사람들도 결국 계급과 자본주의 체제의 차이가 이루어져 있으며, 모두가 공평한 부자를 꿈꾸다 모두가 거지가 되는 체제이다. 모두가 부자인 그런 공평한 세상은 산유국인 카타르 같은 복지 국가에서 태어나지 않는 이상, 절대 존재하지 않는다.

그런 과정에서 투자자 같은 자본가들은 많은 사람들이 자기처럼 부자가 되는 것을 원하지 않는다. 예시를 들다 보니 극단적으로 가게 되었지만, 투자자나 자본가들은 항상 자기의 돈으로 대신 일해 줄 사람들이 있어야 돈을 벌어들이는 것이다. 결국 누군가에게 일을 시키는 것이다 보니 돈이 나가는 것이겠지만, 그렇게 쓰인 돈들이 더 많은 돈을 벌게 되는 것이다.

내 돈으로 노동자의 시간을 사서 돈을 벌어들이는 최종점이 바로 투자자이기 때문이다. 그러면 투자자들은 일하는 사람이 많으면 많을수록 자기가 벌어들이는 돈이 더 많아진다. 그리고 일하는 사람들은 먹고살기 위해 어쩔 수 없이 생존을 위해서 일을 해야만 한다. 그들이 돈이 많다면 절대 이렇게 일하고 있지 않을 것이다. 그렇게 일하는 사람이 많으면 많아질수록 이 회사가 벌어들이는 돈은 더 많아질 것이고, 회사가 성장하게 되고, 회사가 성장함과 동시에 투자자는 돈을 벌어다들일 것이다.

　요점은 노동자들이 많아야 한다. 노동자들이 많으면 많을수록 자본가, 자산가, 투자자들은 더 많은 재산을 축적하게 된다. 그런데 만약 노동자들이 열심히 일을 하고, 돈에 대해, 금융에 대해 공부를 해서, 투자자가 돼서 어마어마한 부를 이루어내서 자산가가 된다면 일을 안 하게 되지 않겠는가?

　그렇게 내 돈을 꼬박꼬박 내 돈을 벌어다 주는 기계가 탈출한다면, 투자자, 자산가 입장에서는 굉장히 싫을 것이다. 뭐 한두 명쯤이야 그럴 수 있다 치지만, 여러 명이 그런 방식으로 부자가 된다면, 투자자들 대신해서 일을 해 줄 사람이 적어지는 것이 아니겠는가?

　부자들은 자본주의 시스템 안에서 돈을 버는 방법을 깨닫고 투자자, 자산가가 되어 나 대신 내 돈을 통해 대신 벌어다 주는 시스템을 적극 활용해야 하는데, 일할 노동자가 없으면 곤란하다. 그러니 여러분들은 부자들은 여러분들이 피라미드 최하층에 있는 노동자 계급장에서 벗어나질 않길 바란다. 여러분들이 자산가가 되어 올라오는 것을 기피한다.

　여러분들이 철저히 자본주의에 이용당하며 투자, 자산에 대해 계속 무지한 채로 자산이라는 것을 만들지 못하기를 바란다. 여러분은 평생 투자자들을 위해서 일을 해야 하니까.

투자를 배우고 높은 수익을 원하다 투기로 돈을 날리면서, '투자는 무서운 거야.'라고 생각하며 자산을 만드는 것을 포기하게 된다면 투자자 입장에서는 더 좋을 것이다. 계속해서 돈을 벌어 줄 기계가 평생 벗어나지 못하게 될 것이기 때문이다.

투자자나 자산가들은 계속해서 부자의 자리를 유지하기를 원한다. 이 자리를 유지하고 지켜 내기 위해서는 노동자들이 많이 필요하다. 계속 노동자들이 노동자로 남았으면 좋을 것이다. 노동자들은 더 가난해지고 부자들은 더 부자가 될 것이다. 이런 빈부격차는 자본주의가 심화되면 심화될수록 더 심각해질 것이다.

실제로 지금 자본가나, 자산가, 투자자들이 이렇게까지 생각은 안 하고 있다. 모두 여러분들이 성공하길 바라고 있지, 계속해서 가난하게 사는 것을 바라는 것은 아닐 것이다. 이렇게 극단적으로 생각하는 자산가들은, 이 자본주의 이치를 명확하게 깨닫고 저 높은 위치에 있어 쳐다보기조차 힘든 자산가일 것이다.

이렇게 극단적으로까지 생각한 사람들은 없겠지만, 이런 자본주의적 구조는 은연중에 생각을 할 것이다. 그것이 근로자든, 사업자든 말이다. 자기 밑에 일하고 있는 사람이 정말 성실히 일을 잘하고 열심히 하는 사람이라고 쳐 보자. 결국 이 사람 덕에 내가 큰 이득을 보고 있게 된다면, 은연중에 이 사람이 나를 떠나지 않길 바란다. 결국 그 사람이 더 좋은 조건을 스카우트 제안을 받아서 다른 회사로 이직하게 될 상황이 생기거나, 이 회사가 마음에 안 들어서 떠난다고 한다면, 나한테 필요로 하는 사람이기 때문에 어떻게든 잡으려고 할 것이다.

왜?

자기 대신해서 일을 해 주고, 자기 대신해서 돈을 벌어 주기 때문이다. 어떻게든 내 밑에서 평생 일해 주길 바라는 마음도 있을 것이다.

그 과정에서 그냥 자기가 못난 것을 인정하고, 받아들이고, 반성하면서 성장하는 멋진 사람도 있겠지만, 그게 아니라 어떻게든 다른 곳으로 이직할 수 없도록 방해하면서 결국 파국에 얼굴 붉히게 되는 사람들도 있을 것이다.

이 모든 것은 '이 사람이 내 밑에서 계속해서 일하게 되었으면 좋겠다.'라는 생각을 은연중에 떠올리고 그렇게 되길 바라기 때문이다.

정말 도덕적으로 말도 안 되는 신안 염전 노예 사건처럼, 염전 주인은 노예가 벌어 주는 돈으로 편안하고, 호화스러운 생활을 즐기는 와중에 이렇게 돈을 거의 공짜로 벌어다 주는 노예가 섬을 떠나는 것을 두려워할 것이다. 그렇기 때문에 어떻게든 주인은 이 노예가 이 섬을 벗어나지 못하게끔 마을 사람과, 경찰들까지 유착 관계를 맺어서 감시를 하고 폭행을 한다.

생존을 위해 일하는 노동자들은, 결국 투자자들을 위해서 일을 하는 것이고, 이 노동자들의 비율이 많이 있어야만 투자자들은 돈을 더 많이 버는 것이다. 노동자들이 부자가 되어 투자자가 되면 될수록 투자자들

돈의 지배

의 수익이 줄기 때문에 원하지 않는다. 그렇게 되면 될수록 투자자와 노동자들의 빈부격차는 더욱 심각해지면서 노동자들은 가난해지게 될 것이다.

부자들은 자기를 대신해서 평생 일해 줄 노동자들이 필요하다. 그것도 생존을 위해 억지로 일을 하면 할수록 좋다. 그럴수록 계속해서 일을 할 것이니까. 그렇게 부자들은 여러분들이 부자가 되는 것을 원하지 않는다.

여러분들이 금융에 대해 공부하고, 돈을 통해 돈을 벌어들이는 시스템을 깨닫지 않길 바란다. 여러분들이 자산을 만들어서 그 자산의 소득이 처음에 정말 눈에 띄게 적을지언정, 시간이 지나 급여의 절반 정도 벌어들이고, 어느새 급여만큼 벌어들이고, 급여보다 많아지게 된 후, 급여보다 더 어마어마한 돈을 벌어들이게 된다면, 여러분들은 그때도 일을 할 것인가?

좀 극단적으로 말하자면, 결국 근로자는 투자자들에게 있어 결국 염전 노예이며, 근로자들이 자본주의 굴레에서 평생 벗어나지 말고 가난해지길 원한다.

당신은 이 자본주의 굴레의 가난에서 벗어나겠는가? 아니면 가난해지겠는가?

투자에 대해 관심이 없든, 돈으로 돈을 벌어들이는 것에 관심이 없던 사람일 수도 있다. 이제라도 이 굴레를 깨닫고 관심을 가져야 한다. 그렇지 않으면 당신이 사업 시스템이라도 만들어서 자산을 만들어 가지 않는 이상, 가난해질 것이다. 워런 버핏이 '당신의 돈이 자는 동안에도 일하고 있지 않다면 죽을 때까지 일을 할 것이다.'라고 말하는 것처럼.

# 리스크 매니지먼트

　자산을 만들어 가는 과정에서 가장 큰 리스크가 있다. 무엇일 거라 생각하는가? 주식이나 부동산이 폭망하는 거? 은행이 파산하는 거? 아니다.

　매달 내가 벌어들이는 돈으로 자산을 만들어 가는 것인데, 이렇게 자산을 만들어 가는 과정 안에서 내가 사고나, 질병으로 잠깐 일을 할 수 없게 되는 것이 바로 가장 큰 리스크이다. 돈을 벌어들이는 주체는 엄연히 나 자신인데, 내가 큰 사고를 당하거나, 중대한 질병에 걸리게 된다면 그동안 일을 할 수 없을 것이고, 꾸준히 벌어들였던 소득이 발생하지 않게 되며, 자산을 처분해야 하는 상황이 벌어질 것이다.

　그래서 항상 건강을 유지하려고 노력해야 한다. 규칙적인 생활, 식습관, 운동을 필수적으로 하는 것이 좋지만, 그렇게 하더라도 피해 갈 수 없는 상황이 운명처럼 벌어지는 일이 생길 수도 있다.

　내가 아무리 내 몸을 소중히 여기며 지킨다 하더라도, 갑자기 피할 수 없는 사고들, 예를 들어 건물에서 간판이 떨어져서 크게 다치게 된다거나, 갑자기 심장이 무리가 와서 심근경색이 온다거나, 뇌에 이상이 생긴다든가, 갑작스럽게 암이 찾아올 수도 있다.

'나는 젊으니까 암에 걸리지 않을 거야.'라고 생각하시는 분들이 굉장히 많다. 그러나 최근 들어 통계표를 보면 과거와 비교했을 때, 20대 ~30대에 암에 걸리는 비중이 과거보다 훨씬 높아진 것 역시 사실이다.

물론 그렇다고, 노년보다 암에 걸릴 확률은 적지만, 만약 그런 일이 벌어지게 된다면 어떻게 되겠는가?

당신이 젊다고 간과하고 있다가 갑자기 암에 걸리게 된다면 어떤 손실이 일어나는지 알아보자. 중대한 질병이기 때문에 더 살기 위해서라도 치료를 받아야 하지 않겠는가? 그럼 암을 치료하기 위해서 비용이 발생될 것이다.

그럼 암 치료비는 어느 정도 나가게 될 것 같은가? 2천만 원~3천만 원?

드라마나 영화에서 보면 치료비를 구하기 위해 엄청 발로 뛰고 다니는데 사실 간단한 거 하나만 준비하더라도 별로 나가는 돈은 없다. 대한민국이란 나라는 의료 보험 시스템이 굉장히 뛰어나기 때문에, 막상 진료 받는 데 많은 비용이 들어가진 않는다.

실제로 치료하기 위한 비용으로는 2천만 원~3천만 원이 들어가는 것은 사실이나, 나라에서 국민의 건강을 굉장히 많이 신경 쓰고 있기 때문에 산정특례제도라는 것이 있다. 이런 중대한 질병에 큰돈이 나가는 리스크를 지원해 주는 제도라고 생각하면 된다. 약 90% 정도 금액을 지원해 준다고 생각하면 된다.

그럼 만약 비용이 3천만 원 나왔다고 한다면 2700만 원을 나라에서 지원해 주기 때문에 내 지갑에서 나가는 비용은 300만 원이다. 그중에서 실손의료비보험이라고 보통 실비라고 말하는데, 이 실비는 치료를 목적으로 병원비가 청구됐을 때, 내가 낸 병원비 300만 원 안에서 어떤 실비냐에 따라 80%~100% 비용 청구가 가능하다. 90% 실비 보험에 가입되어 있다고 가정한다면, 300만 원이 내가 낸 금액이기 때문에 270만 원을 보험금으로 청구가 가능하고 이로써 실제로 내가 사용한 비용은 30만원이 된다.

어떤가? 암에 걸려도 실상 별로 들어가는 돈이 없지 않은가? 실손의료비보험 하나만 있어도 내 몸을 지키는 데 많은 도움이 되면서 나이와 세대별 실비에 따라 월 보험납입료는 다르지만, 엄청 부담스러운 금액이 아니다. 그래서 다른 보험은 몰라도 실비만큼은 필수 보험이라고 얘기하는 것이다.

그럼 실비 하나만 있어도 어느 정도 치료비가 해결한 부분이 있으니 크게, 내 몸에 대한 리스크 준비가 잘 되어 있다고 생각할 수 있는데 실상은 그렇지 않다. 이거 하나만으로 모든 리스크를 해결할 수 있다면, 보험회사에서 비싼 암보험이나, 건강보험을 파는 이유가 없지 않겠는가?

암을 치료한 다음이 문제인 것이다. 암 수술이 다 끝나게 되면 내일 당장 제대로 된 일상생활로 돌아와 원래 생활처럼 일을 하면서 돈을 벌 수 있을 거라고 생각하는가? 아니다. 암 수술을 성공적으로 마쳤다고 하더라도, 내 몸은 쉽게 일할 수 없을 정도로 약해져 있을 것이고, 그 과정에서 꾸준하게 항암 치료를 받으면서 회복을 해야 한다. 그 회복기 기간이 사람마다 다르지만 1년~2년 정도 걸린다.

그럼 그 과정 동안 내가 일을 하지 못하는 셈이지 않은가? 내가 암에 걸렸다고 해서 다니던 직장에서 2년 동안 꾸준히 급여가 나올까? 공무원조차도 잠깐 병가를 내줘서 그만큼의 기간만 월급이 나오지, 그 이후의 기간에는 급여가 나오지 않는다. 내가 일을 해서 돈을 벌어야 하는 기간인데, 일을 못 하게 되면 소득이 발생되지 않게 된다. 살아가는 과정에 있어서 돈 없이는 생존할 수가 없는 노릇이다.

그렇기 때문에 이런 리스크에 대해서 아무런 준비를 하지 않게 된다면, 이 2년이라는 시간 동안 나의 소득은 발생하지 않는데 울며 겨자 먹기로 자산을 처분해야 하고 휴직 기간 동안 어쩔 수 없는 생활비로 써야 한다. 그럼 나는 2년이란 시간을 버리는 것이 아니라 최소 3년에서 4년이란 시간을 버리는 것이다.

왜 2년만 휴직을 하는데 3년~4년이란 시간을 버리는 것일까? 일단 내가 만약 건강하고 일을 계속한다면 2년 동안 일을 하면서 그 소득을 바탕으로 자산을 매집할 것이고, 남은 급여로 생활비를 쓰게 될 것이다.

돈을 벌면서 자산과 생활비가 같이 나가는 기간이 2년인데, 내가 휴직을 하게 되면 내 자산을 매집하기는커녕 내 자산으로만 생활을 해야 한다.

예를 들어 당신이 급여가 2백만 원이고 매달 백만 원씩 자산을 매집한다고 가정하면 2년 동안 투입된 금액이 2400만 원이다. 내가 암에 안 걸렸으면, 이 2400만 원은 당연하게 자산을 만드는 데 사용되었을 것인데 소득이 없다 보니 이로써 자산 매집 또한 할 수 없게 된다. 그리고 생활비를 써야 하기 때문에 생활비가 매달 백만 원씩 나가게 된다면 내가 만든 자산 2400만 원을 처분하게 될 것이고, 그렇게 처분한 금액으로 생활비를 쓰게 될 것이다.

2400만 원을 만들 수 있는 기회 안에서 2400만 원을 더 쓰게 되니 총 4800만 원의 금액이 사라진 것이고, 즉 당신이 이런 리스크에 준비를 하지 않은 상태에서 이런 상황이 벌어진다면 시간적 손실은 4년이란 시간이다.

그래서 이런 리스크를 대비하기 위해서 우리는 암보험, 건강보험을 매달 돈 주고 가입을 하는 것이다.

보통 암보험의 내용은 암 진단비라고 한다. 수술이나 치료를 받아야 나오는 것이 아니라, 암에 걸리는 사고가 발생할 시 주는 것이 바로 암 진단비이다. 내가 암 진단비 5천만 원 정도 준비가 되었었다면, 이런 사고가 발생했을 때, 매달 2년 동안 백만 원씩 자산을 만들어 갈 수 있음과 동시에, 백만 원씩 생활비로 사용할 수 있었을 것이다.

그래서 가장 큰 리스크인 내 몸을 위한 대비를 먼저 맞춰놔야 내가 4년이란 시간을 손해 보지 않을 수 있는 것이다.

보험에 대해 굉장히 부정적인 시각으로 보는 사람들이 있다. 보험을 준비해야 한다는 것은 알고 있지만, 주변에 판매하려고 접근하는 설계사들이 굉장히 많을뿐더러, 무분별한 스팸 전화로 보험 가입을 유도하기 때문에 부정적으로 보는 사람들이 굉장히 많다. 뉴스에서 보험금 지급받기가 어렵다는 등 부정적인 뉴스들이 많기 때문에 어쩌면 더 사람들이 부정적일지도 모른다.

보험은 준비해야 하는데, 어떤 식으로 준비해야 할지 대부분 모르다 보니, 내 지인 중에 보험을 한다는 사람이 있다는 것을 알게 되어서 그 사람 믿고 그냥 가입하는 경우가 대다수이다.

우리가 보험을 들게 되면 이 보험에 대한 권리가 생긴다. 그 권리를 증명해 주는 것이 바로 보험 증권이다. 이 증권을 받음으로써 내가 들어간 보험이 내 자산이라는 것을 증명해 주는 것이다.

이 보험 증권이라는 것을 통해 이 보험에 대한 권한과 권리가 생기는 것인데 이 증권이 정말 나를 위한 것인지 아닌지를 잘 생각해 보아야 한다.

왜?

일단 알아야 하는 것은 보험이라는 자산은 내 몸을 지켜 주는 최고의 리스크 매니지먼트인데, 특정한 조건이 발생하여야만 지급되는 조건이 있다. 내가 그것에 맞는 질병에 걸렸거나, 수술하거나 이런 특정한 조건들이 있는 것이다.

내가 지인을 통해 보험을 가입하였다고 해 보자. 그럼 내가 다치거나, 질병에 걸린 리스크가 발생하였을 때, 보험금을 청구할 것 아닌가? 그럼 이 보험금은 누가 주는 것인가? 지인한테 가입했으니까 지인이 주는 것인가? 당연히 지인이 주는 것이 아니라 보험회사가 주는 것이다.

내가 특별한 질병에 걸렸을 때 나오는 보험금은 내가 가입한 보험의 증권 안에 들어가 있는 특약이 있는지 없는지에 따라 나오는 것이고, 그 과정에서 상품에 대한 약관에 명시되어 있는 내용이 일치할 때 나오는 것이다.

상품 내용에 따라, 보험회사가 유리한 상품과 특약이 있고, 나한테 유리한 상품과 특약이 엄연히 존재한다.

왜 이렇게 나눠져 있을까?

보험회사는 엄연히 이익을 창출해 내는 주식회사이고, 최대한 가입을 많이 시키며 그 과정에서 최대한 지급을 안 해주어야 돈을 벌기 때문이다.

그럼 당신은 당신 자신한테 유리하게끔 보험을 들어야 하는가? 아니면 보험회사의 유리한 조건으로 보험을 들어야 하는 것인가?

당연히 자신한테 유리한 조건으로 보험을 들어야 하지 않겠는가? 당신한테 이 보험에 대한 권리가 있는 것인데, 누구를 통해 가입한 것인가? 지인을 통해 가입한 것이지 않은가? 지인의 말 '좋은 거야.' 말만 듣고 당신이 가입한 것이고 믿고 맡겨 놨다가 문제가 생겼을 때 보험회사에서 지급을 안 해 준다고 하면, 이런 경우에는 누가 잘못한 것인가?

상품을 만든 보험회사?

판매한 설계사?

구매한 소비자?

당신이 생각했을 때 이런 보험 분쟁이 발생하게 되면 누가 가장 잘못했다고 생각하는가?

필자의 답은 셋 다 잘못한 것이다. 보험회사가 설계사에게 충분히 교육을 하지 않았고, 설계사는 잘 모르는 상황에서 소비자에게 팔았고,

소비자는 알아보지 않고 구매하였다.

충분히 찾아보고 알아보고 이게 나를 위한 것인지 아닌지 확인하고 가입해야 하는데, 잘 모르고 가입한 것이라 문제가 생기는 것이다.

보험이라는 것은 정말 내 몸을 지키기 위한 최고의 리스크 매니지먼트이지만, 누가, 어떻게, 어떤 식으로 가입하느냐에 따라, 내 몸을 지켜 주는 자산이 될 수 있고, 돈은 매월 꼬박꼬박 가져가지만 정작 문제가 생겼을 때 지급되지 않는 위험이 될 수도 있다.

그래서 보험이 좋고 나쁘고의 기준점을 가지고 있어야 한다. 우리는 당연하게 똑같은 천 원으로 사과를 사 먹는다면, 썩어 빠진 사과보단 싱싱한 사과를 고른다. 싱싱한 사과가 더 좋다는 기준점이 있어서 그러는 것 아닌가?

보험도 나한테 좋고 나쁘고의 엄연히 기준점이 있다. 그 기준점에 맞춰서 나에게 보험회사가 아닌 나한테 유리하게 맞춰 놔야 한다.

# 마지막으로

나는 현재 재무 설계를 하면서 많은 사람들을 만나며 자산을 디자인해 주고 있다. 금융업계에 있으면서 여러 사람들을 만나 도와주는 과정에서 가장 많이 느꼈던 것은 대부분의 사람들이 금융에 대해 굉장히 무지하다는 것을 느꼈다. 다들 부자가 되고 싶어 하고, 부자가 되는 과정에서 금융은 정말 필수라고 생각하는데 무지한 경우가 많다.

왜 그럴까?

대한민국 교육 시스템상 돈에 대한 교육과정은 없었으며, 현재도 없다. 돈을 버는 방법에 대해서만 알려 주지, 돈을 관리하고 운용하는 것은 알려 주지 않기 때문도 있지만, 가장 중요한 것은 금융에 대해 알려고 하지 않은 것이 가장 큰 문제라고 생각한다.

과거 필자도 금융에 대해 무지한 사람이었다. 물론 지금도 금융에 대해 초고수 정도 수준으로 아는 것은 아니지만, 그래도 대부분의 사람들보단 조금 더 많이 안다고 자부할 수 있다.

왜 사람들이 부자가 되고 싶어 하는데 금융에 대해 무지할까? 생각하는데 그냥 어렵다고 회피하기 때문이라고 생각한다. 그러면서 앞으로 닥칠 미래에 대한 준비를 전혀 하고 있지 않고 있다.

이 책을 쓰면서 필자가 알고 있는 내용이라든가, 지금 하고 있는 방법에 대해 공개하지 않았다. 그것은 엄연히 고객들의 자산을 만들어 주며 상담하는데 도와주는 비결이기 때문에 공개하지 않는 것이다.

앞으로 올 돈에 대한 미래라든가 돈과 도덕의 중심에서, 지금은 도덕을 더 우선시하지만 돈이 우선시하는 세상이 다가올 것이다. 그런 시장에서 자산가들은 더 자산을 불려 나가 부자가 될 것이며, 가난한 사람들은 더욱 가난해질 것이다. 그렇게 빈부격차가 더 심해질 것인데, 이 책을 읽고 깨닫는 것이 있다면 당장 가난에서 벗어나게끔 준비를 해라.

그 과정을 어떻게 만들어야 하는지 잘 모르겠으면 전문가에게 상담을 받아라.


우리는 일상 중에 많은 전문가들을 만난다.

아프면 의사를 찾아가고, 법적인 문제가 생기면 변호사를 찾아가고, 세금이 궁금하면 세무사를 찾아간다.

이 모든 것들 위에 있는 것이 바로 돈이다. 돈이 있어야 내가 문제가 생겼을 때 전문가를 만나 도움을 구할 수 있는데, 돈에 대해서만큼은 아무것도 모르면서 전문가를 찾아보지도 않는다.

그러니 금융에 대해 무지하고, 알아볼 수도 없다고 생각을 한다.

앞으로도 당신은 금융에 대해 무지할 것인가? 아니면 알아가고 자산을 만들어 가난에서 벗어나 부자가 될 것인가?

# 돈의 지배

ⓒ 이상헌, 2024

초판 1쇄 발행 2024년 6월 18일

지은이    이상헌
펴낸이    이기봉
편집      좋은땅 편집팀
펴낸곳    도서출판 좋은땅
주소      서울특별시 마포구 양화로12길 26 지월드빌딩 (서교동 395-7)
전화      02)374-8616~7
팩스      02)374-8614
이메일    gworldbook@naver.com
홈페이지   www.g-world.co.kr

ISBN    979-11-388-3288-5 (03320)